数智化背景下
基于对分课堂的混合式金课研究

王微微 张春越 著

中国商业出版社

图书在版编目（CIP）数据

数智化背景下基于对分课堂的混合式金课研究 / 王微微，张春越著. -- 北京：中国商业出版社，2024.7.
ISBN 978-7-5208-3016-4

Ⅰ. G424.21-39

中国国家版本馆CIP数据核字第20245Z4019号

责任编辑：滕　耘

中国商业出版社出版发行

（www.zgsycb.com　100053　北京广安门内报国寺1号）
总编室：010-63180647　编辑室：010-83118925
发行部：010-83120835/8286
新华书店经销
济南圣德宝印业有限公司印刷

*

710毫米×1000毫米　16开　9印张　150千字
2024年7月第1版　2024年7月第1次印刷
定价：60.00元

****

（如有印装质量问题可更换）

前言

在当今这个快速发展的数智化时代，教育领域正经历着翻天覆地的变化。数智化技术，如人工智能、大数据、云计算以及物联网等，为教育带来了前所未有的机遇与挑战，也引发了教育模式和教学方法的深刻变革。在这一背景下，混合式金课作为教育创新的重要展现，在提升教学质量和效果方面的潜力引人注目。本书正是基于这样的时代背景和需求，试图探讨和实践如何更有效地融合数智化技术与教育教学，促进混合式金课的发展与应用。

本书的主要研究内容围绕在数智化背景下，将对分课堂理念与混合式金课相结合的原则、设计、实施及评估等方面展开。书中详细介绍了数智化教育背景及其对现代教学的影响，明确了混合式金课发展的时代需求和理论依据；详尽地阐述了基于对分课堂理念的混合式金课设计要点、流程以及实施策略，不仅对教学模式和方法进行了创新性的构建，也为基于对分课堂的混合式金课的实际应用提供了行之有效的指导和参考；强调了数智化技术在基于对分课堂的混合式金课中的应用，从理论与实践的角度，系统介绍了人工智能、大数据、云计算、物联网等技术的集成应用及其带来的教学变革与潜力；展现了基于对分课堂的混合式金课的教学模式与方法、教学评估与改进，为读者提供了一定的启发；针对基于对分课堂的混合式金课面临的挑战，提出了切实可行的对策；在教育技术的伦理挑战与法律风险问题上，不仅从理论上进行了讨论，也关注实践中的应对策略，致力于推动教育技术健康、合规地发展。

本书的特色在于不仅深入分析了数智化背景下基于对分课堂的混合式金课的

理论与实践，而且系统地阐述了数智化技术在教育中的应用与创新；不仅能够为教育工作者、教育技术研究者和课程设计者提供有益的理论参考与实践指南，也能为广大对混合式教学和数智化教育感兴趣的读者提供独到的见解与灵感。

然而，由于笔者研究水平有限，书中的观点和分析难免存在不足之处。衷心希望广大读者能够提出宝贵的意见和建议，以便我们在未来的工作中不断完善和提高。我们相信，通过不懈的探索和努力，基于对分课堂的混合式金课在数智化背景下的发展将会更加繁荣，为现代教育的创新与发展作出更大的贡献。

目 录

第一章 数智化教育背景与混合式金课概述 1
    第一节 数智化教育背景及其对教学的影响..................1
    第二节 混合式金课的理念与实践..................8
    第三节 数智化背景下的混合式金课的优势..................16

第二章 数智化背景下基于对分课堂的混合式金课设计 22
    第一节 对分课堂理念及其实践..................22
    第二节 基于对分课堂的混合式金课的设计要点..................28
    第三节 基于对分课堂的混合式金课的设计流程..................33

第三章 数智化技术在基于对分课堂的混合式金课中的应用 39
    第一节 人工智能技术的应用..................39
    第二节 大数据技术的应用..................46
    第三节 云计算技术的应用..................49
    第四节 物联网技术的应用..................56

第四章 数智化背景下基于对分课堂的混合式金课的教学模式与方法 61
    第一节 基于对分课堂的混合式金课的常用教学模式..................61

第二节　线上教学与线下教学相结合的教学方法..................68
　　第三节　以学生为中心的教学方法..................72
　　第四节　案例分析与实践教学方法..................78

第五章　数智化背景下基于对分课堂的混合式金课的教学效果
　　　　评估与改进..................82
　　第一节　教学效果评估概述..................82
　　第二节　教学效果评估实践..................85
　　第三节　教学效果的改进策略..................91

第六章　数智化背景下基于对分课堂的混合式金课的挑战
　　　　与对策..................96
　　第一节　相关技术难题与对策..................96
　　第二节　教学管理和支持服务的挑战与对策..................103
　　第三节　教师角色转变和专业发展的挑战与对策..................110
　　第四节　学生学习动力和学习自主性的挑战与对策..................115

第七章　数智化背景下教育技术的伦理与法律问题探讨..................124
　　第一节　教育技术带来的伦理挑战与应对策略..................124
　　第二节　教育技术应用中的法律风险及其规避..................130

参考文献..................136

第一章
数智化教育背景与混合式金课概述

第一节　数智化教育背景及其对教学的影响

一、数智化教育的定义与发展

数智化教育是当代教育技术与信息技术高速发展的产物，它涵盖了大数据、云计算、人工智能等多种先进技术在教育领域的智能化综合应用。数智化教育的核心在于依托强大的数据分析能力和智能技术，优化教育教学过程，实现个性化、智能化的教学模式，进而提高教育质量和效率。

数智化教育的发展可以追溯到信息技术在教育领域应用初期，最初的电化教学、计算机辅助教学等尝试，都是早期数智化教育的雏形。随着信息技术尤其是互联网技术的快速发展，数智化教育开始迅速发展并逐步成熟。21世纪初，随着大数据、云计算等技术的出现和成熟，数智化教育开始进入一个新的发展阶段。这个阶段，教育数据的收集、处理和分析成为可能，为教育提供了前所未有的智能化支持。

在数智化教育背景下，教育模式也发生了根本性的变化。传统的教育模式多依托教师传授知识，而数智化教育则更注重学生的主体地位，强调以学生为中心，通过智能化手段实现个性化学习路径的设计与推荐。在这种模式下，学习不再是单向度的知识传递，而是一个多维度、互动性强的智能化学习过程。例如，基于人工智能的学习诊断系统可以根据学生的学习行为和成绩，智能地推荐适合他们当前学习水平和兴趣的学习资源和活动，极大地提高了学生学习的有效性和趣味性。

此外，数智化教育还极大地促进了教育公平。通过网络平台和云服务，优质教育资源得以突破地理位置的限制，更多人可以享受到高质量的教育服务。不仅是城市学生，偏远地区的学生也能通过网络接入丰富的教育资源，这在一定程度上缩小了城乡或区域间的教育差距。

数智化教育的快速发展也带来了一系列新的挑战和问题，比如教育数据的安全与隐私保护、教师和学生面对新技术的适应能力、数智化教育下的教学评价体系建立等。这些问题需要教育工作者、技术开发者以及政策制定者的共同努力，通过完善法律法规、加强技术研发和用户培训等措施来加以解决。

整体来看，数智化教育代表着现代教育的发展方向，其通过集成和应用先进的信息技术，不仅提高了教育效率和质量，还有助于实现教育公平。随着技术的不断进步和教育模式的不断创新，数智化教育将进一步深化和完善，为学生提供更加丰富、个性化和智能化的学习体验。

二、数智化技术的核心组成

数智化技术的核心组成是综合运用信息技术和智能技术，以便在教育中实现更加个性化、高效和动态的教学与学习方式。这一技术的核心在于集成数据智能、人工智能、云计算、物联网等先进技术，形成支撑教育现代化发展的新框架。

数据智能作为数智化技术的一个关键组成部分，利用大数据分析和处理技术，对教育数据进行深入挖掘和智能分析。通过对学生的学习过程、学习行为和学习成效的数据进行分析，可以为教学提供精准的改进方向，实现个性化教学设计和优化学习路径。

人工智能在数智化教育中的应用，涵盖了智能辅导系统、自适应学习系统以及智能评价系统等多个方面。AI技术能够模拟教师的教学策略，对学生的学习需求进行实时响应，提供个性化的学习内容和学习建议，从而提升学习效率和质量。

云计算为数智化教育提供了强大的数据存储、处理和计算能力。通过云技术，教育资源可以实现跨时空的共享和访问，支持更广泛的协作学习模式和在线学习平台的发展。云平台上可部署各类教育应用软件，让教学资源和工具更加丰富多样，易于获取和使用。

物联网技术在数智化教育中的应用，使实体教学环境和虚拟学习空间得以紧密结合。通过智能设备和传感器，教学场景可以实时收集和响应学习者的行为与环境变化，创造更加沉浸式的学习体验。此外，物联网还能优化校园管理，比如实现智能教室的温湿度控制、能耗管理等。

综上所述，数智化技术的核心组成不仅包括技术层面的创新和应用，同时也指向这些技术如何服务于教育的深层次变革。通过深度融合和应用这些技术，数智化教育能够更好地适应信息社会的发展需求，实现教育内容、教学方式和学习体验的创新与优化，从而推动教育现代化进程向更高层次发展。

三、数智化时代对教育模式的影响

数智化时代重塑了教育的传统模式，带来了深远的影响。这个时代的核心是利用大数据、人工智能、云计算等信息技术，提升教育质量和效率，使教与学的过程更加个性化、互动化和智能化。教育模式的变革主要表现在以下几个方面。

在教学内容的呈现上，数智化技术的应用使得学习材料不再局限于传统的纸质教材。利用虚拟现实（Virtual Reality，VR）、增强现实（Augmented Reality，AR）等技术，抽象复杂的教学内容得以直观展现，极大地提高了学生的学习兴趣和效率。如在生物学和医学领域，通过VR技术，学生可以"进入"人体内部，对各个器官的功能和相互作用有更直观、深刻的理解。

在教学方式上，数智化教育突破了时空限制，打破了传统课堂的固定模式。在线教育平台的出现，让学生可以根据自身情况灵活安排学习时间和学习地点。通过智能推荐系统，平台能够根据学生的学习历史和行为习惯，推送个性化的学习资源，实现真正意义上的"因材施教"。

在教学评价体系上，数智化教育借助大数据分析，能够实时跟踪记录学生的学习行为和成果，从而形成更加全面、客观的评价体系。这不仅为教师提供了教学调整的依据，也能让学生及时了解自己的学习进度和不足，更有针对性地制定改进措施。

数智化教育还极大地推动了学习方式的变革。以往，教育资源的分配相对固定，学生的学习多依赖于教师的引导和授课。而在数智化时代，学生能够通过网络资源、在线课程等多样化的途径，主动探索和获取知识，学习方式更加灵活多样。这种自主学习方式的培养，无疑对提高学生的终身学习能力、创新能力和解决问题的能力具有重要意义。

同时，数智化教育的发展也带来了一系列的挑战。如何保证网络学习的质量和效率、如何维护教育公平以及如何保护学生的隐私安全等，都是亟须解决的问题。此外，面对技术的快速更迭，教师的专业发展和转型也成为数智化教育成功实施的关键之一。

总的来说，数智化时代对教育模式的影响是全方位的。它不仅改变了教学的内容、方式和评价体系，还促使学生的学习方式向自主化、个性化转变，加速了教育的普及。未来，随着技术的不断进步和应用的深入，数智化教育将持续深化，教育模式也将持续演进，以适应新时代的要求。

四、数智化教育背景下教师角色的变化

在数智化教育背景下，教师的角色已经发生了深刻且复杂的变化，他们不仅是知识传播者，更是学生学习的引导者、设计者和合作者。这种转变对教育方法和教育效果产生了重大影响。

传统上，教师在教学活动中扮演着知识的传播者角色，从书本到黑板，再从黑板到学生，这一过程几乎是单向的信息传递。然而，随着信息技术的迅猛发展和数智化环境的构建，教育领域也迎来了翻天覆地的变化，教师角色的转变是其中最为显著的一环。

在数智化教育背景下，教育资源的丰富度和互动性显著增强。学生不再是被动的信息接收者，他们可以通过网络、数字图书馆、在线课程等多种方式主动获取知识。这一变化要求教师转变为学生学习的引导者，不仅要指导学生如何高效地使用这些资源，更要教会他们如何在海量信息中甄别、整合和应用知识，培养

学生的批判性思维和解决问题的能力。

同时，数智化教育背景下的教育越来越强调个性化学习和合作学习。教师需要根据每个学生的学习特点和需要，设计不同的教学方案，这就要求教师具备更高的教学设计能力。在合作学习中，教师更像是学生之间合作的促进者和引导者，而不再是单一的知识传授者。这种角色的转变，促使教师要不断地提升自身的信息技术应用能力，更好地利用数字工具促进学生的互动和合作。

此外，数智化教育背景对教师的职业发展和终身学习提出了更高要求。信息技术的不断进步和教育理念的更新换代，要求教师不仅要关注自身专业知识的更新，更要持续学习新的教育技术和教学方法。教师的专业发展变得更加多元化，既包括传统的教师培训和学术研究，也涉及在线学习社区的参与、教育技术工具的探索等新形式。

在数智化教育背景下，教师的评价和激励机制也在变化。传统的以课堂教学为主的评价方式逐渐向多元化、综合性的评价转变，不仅包括教学效果，还包括教学设计、学生参与度、信息技术应用能力等多个维度。这种评价方式的转变，促进了教师综合素质的提升，也为教师提供了更全面的职业成长路径。

数智化教育背景下教师角色的变化，是教育变革中一项重要而复杂的议题。教师不再是单一的知识传授者，而是需要充当多重角色的复合型人才。这种角色的转变既是挑战也是机遇，要求教师不断适应新的教育环境，提升自身的专业能力和技术水平，为学生提供更加丰富、高效、个性化的学习体验。通过不断的专业发展和创新实践，在数智化的浪潮中引领教育的未来。

五、数智化教育背景下学生学习方法的变化

数智化教育，即数字智能化教育，随着互联网、人工智能等数字技术的快速发展，已经深刻影响了教育领域，尤其在学生学习方法上带来了革命性的改变。这种变化不仅体现在学生学习的方式上，更在于学习的深度和广度上，极大地提高了学习的效率和质量。

在数智化教育背景下，学生的学习方法呈现出多样化的特征。传统的课堂教学模式逐渐被翻转课堂、混合式学习等新型教学模式所替代。这些新型教育模式

更加注重对学生自主学习能力的培养，倡导学生在课前通过网络资源进行自学，课上通过师生互动、小组讨论等方式深化理解，课后通过线上平台巩固知识点，实现知识的内化。这种模式强调学生在学习中的主体地位，通过数字化工具支持个性化学习，有效提高了学生的学习主动性和参与度。

数智化教育也使得学生的学习更加便捷、高效。利用大数据、云计算等技术，学生可以随时随地通过智能设备接入学习资源，灵活安排学习时间和学习内容。智能推荐系统能够根据学生的学习历程、能力水平等，个性化推荐学习资源和路径，使每位学生都能获得匹配自己学习需求和学习能力的内容，从而提高学习效率。

此外，数智化教育对学生的学习方法还有深远的影响。它通过虚拟实验室、模拟仿真等技术手段，提供了丰富的实践学习机会，帮助学生将理论知识与实践相结合，增强了学习的体验性和互动性。这些技术手段不仅拓展了学习的空间，也为学生提供了在安全环境下进行风险实验、探索新知的可能，极大地激发了学生的创新思维和实践能力。

数智化教育还重塑了学生的信息素养。在信息爆炸的时代背景下，学生需要学习如何快速筛选、评估和处理大量信息。数智化教育倡导的是一种主动、探索性的学习方式，要求学生具备较强的信息筛选和处理能力，能够有效利用数字技术进行知识的获取、分析和应用。这不仅提高了学生的信息素养，也为其未来在信息化社会中的生存和发展打下了坚实的基础。

在数智化教育背景下，对学生的评估和反馈方式也发生了变化。借助智能评估系统，教师可以实时跟踪学生的学习进度和效果，为学生提供及时、个性化的反馈，帮助学生更好地识别自身的学习短板，及时调整学习策略。同时，学生也可以通过系统自我评估，更清晰地了解自己的学习状态，增强自我监控和调节能力。

综上所述，数智化教育通过数字技术的融入，不仅改变了学生学习的方式和路径，也提高了学生学习的效率和质量。它倡导的是一种以学生为中心的教育模式，注重培养学生的自主学习能力、实践能力和信息素养，对学生的整体发展有着深远的影响。随着数智化教育的不断深入，未来学生的学习方法将更加多元化、个性化，学习的边界将进一步拓宽，学生能够在这个过程中获得更加全面和深入的发展。

六、数智化教育面临的挑战与机遇

数智化教育在当前社会发展的背景下，成为推动教育创新和发展的重要力量。它通过深度融合信息技术与教育教学，提高了教育的质量和效率，但同时也面临着不少挑战与机遇。

数智化教育利用大数据、云计算、人工智能等现代信息技术，为教育提供个性化、智能化的服务，极大地拓宽了教学的时空界限，使得学习可以在任何时间、任何地点进行，便于学生根据自己的需要和节奏进行学习。这种个性化学习方式能够有效提升学生的学习动力和效率，加强了学习的针对性和实效性。

然而，数智化教育的发展也遇到了一系列的挑战。技术实施难度大、成本高昂是其中之一。尽管信息技术的发展助推了教育的进步，但技术设备的更新换代快，需要大量的资金投入，对于部分经济条件相对落后的地区而言，这无疑增加了推广数智化教育的难度。同时，教师的信息技术能力不足也成为制约数智化教育发展的一个重要因素。教师需要不断学习更新的技术知识，以适应数智化教学的需要，这对于一些老年教师来说是一个挑战。

数据安全与隐私保护是数智化教育不可回避的问题。教育数据的收集、存储和应用涉及学生的个人信息，如何确保这些信息的安全，防止数据泄露，是数智化教育必须面对的重要课题。此外，数智化教育在突破时间和空间限制的同时，也可能导致学生过度依赖网络学习，忽略了面对面交流的重要性，不利于学生的社会交往能力和团队协作能力的培养。

面对挑战，数智化教育同样拥有广阔的机遇。随着人工智能、大数据分析技术的日益成熟，数智化教育有望实现更加智能化的个性化学习路径推荐，通过精准分析学生的学习习惯、能力特点和兴趣偏好，为他们提供更贴心、更有效的学习支持。这不仅可以提高学习效率，还能激发学生的学习热情，培养他们的自主学习能力。

此外，跨界融合的发展趋势也为数智化教育带来了新的机遇。教育领域与互联网、人工智能等其他领域的融合，为创新教育模式和手段提供了广阔的空间。通过跨界合作，利用互联网平台和工具，可以更好地进行教育资源的共享和优化配置，提高教育的整体效率和质量。

未来，随着5G等新一代信息技术的应用，数智化教育将更加普及和深入，VR、AR等技术的应用，将使在线教育的体验更加丰富和真实，为学生提供沉浸式学习体验。这将深刻改变传统的教育教学模式，使得教育真正实现个性化、智能化，为培养创新人才和适应未来社会的发展需求提供有力支持。

第二节　混合式金课的理念与实践

一、混合式金课的定义与发展历程

混合式金课结合了现代教育理论与信息技术的应用，是在数智化教育背景下应运而生的教学模式。它融合了传统面授教学和在线学习两种方式，旨在通过优化教学资源和方法，提高教师的教学效果和丰富学生的学习体验。混合式金课不仅注重课程内容的深度和广度，也强调学习方式的灵活性和个性化。

在混合式金课的体系中，明确强调了技术应用和教学相结合的重要性。这种教学模式利用在线教学平台、虚拟实验室、智能教学软件等数字化工具，为学生提供可随时随地访问的学习资源；同时，通过线下的面对面授课或小组互动，可以加强教师与学生之间的沟通和互动以及学生间的协作学习。这样的结合不仅优化了教学资源的配置，也增加了教学的灵活性和互动性，使得学习过程更加贴合学生的个性化需求。

混合式金课的发展历程可以追溯到网络技术初步应用于教育领域时期。最初，这种模式主要是在传统教学模式的基础上，辅以一定的在线资源和工具。随着互联网技术和教学方式的不断进步，混合式教学逐渐成为教育领域的重要发展趋势。特别是在智能技术不断完善和普及的当下，混合式金课得到了更广泛的应用和认可。教育工作者和研究人员通过不断的实践、探索和优化，使得混合式金课的模式更加成熟和完善。现如今，混合式金课已经成为提高教育质量、促进学生全面发展的重要手段之一。

混合式金课之所以能够得到广泛的应用和认可，根本在于它能够有效地结合传统教育与现代技术，构建起更加开放和灵活的学习环境。在这种教学模式下，教师能够根据学生的学习状况和需求，灵活设计教学计划和内容，实现教学的个性化和差异化。学生则可以依据自己的学习节奏和风格，选择最适合自己的学习路径和方法，这大大提高了学习的主动性和效率。此外，混合式金课通过线上与线下的结合，实现了时间和空间上的超越，为更多学生提供了高质量的教育资源，减弱了教育资源分配的不平衡，有力推动了教育公平。

混合式金课的实践表明，科技在教育中的应用不仅仅是辅助教学，更是改变教学模式、优化教育体验的关键。随着新技术的不断涌现和应用，混合式金课的发展也将不断深化，它的概念将进一步丰富，实践方式将更加多样化，对教育的影响也将更加深远。未来，我们可以预见，随着教育理念的更新和技术手段的进步，混合式金课将在促进学生个性化学习、提高教学质量、实现教育均衡等方面发挥更加重要的作用。

二、混合式金课在教育质量提升中的作用

混合式金课在教育质量提升中的作用显著，它通过有效整合线上线下教学资源和方法，实现了教学模式的优化和学习效果的显著提升。混合式金课作为数智化教育背景下的产物，融合了精品课程的高质量内容与灵活多样的教学手段，致力于打造符合当代学生学习习惯和需求的优质教育体验。

混合式金课突破了传统教学模式空间和时间的限制，采用线上学习与线下面授相结合的模式，为学生提供了更为灵活的学习方式。线上部分，通过高质量的数字化教学资源，学生可以根据自身的学习节奏和时间安排，灵活地进行学习，这不仅提高了学习的自主性和个性化，也使得学习时间得到了有效扩展。线下部分，通过面对面的交流与互动，强化了教师与学生之间的沟通，增强了学习的针对性和实效性，使学生能够及时获得反馈和指导。

实践证明，混合式金课能够显著提高学生的学习动机和参与度。在一个自主与互动兼备的学习环境中，学生更愿意投入学习中，积极探索和解决问题。相较

于传统的教学方式，混合式金课在调动学生积极性、增强学习兴趣方面表现更为突出，这直接影响到学生的学习效果和成绩。

此外，混合式金课通过线上精品资源的共享，实现了优质教育资源的广泛传播和高效利用。这种开放共享的学习资源，使得不同地区、不同背景的学生都能够接触到高品质的教学内容，有助于缩小教育资源的差距，提升整体教育质量。同时，线上学习平台的大数据分析功能，能够实时监控学生的学习进展，为教师提供依据，使其能够更准确地把握学生的学习状况，及时调整教学策略，进一步提高教学的有效性。

在混合式金课的模式下，学生的学习不再是被动接受知识，而是成为主动探究和应用知识的过程。这种以学生为中心的教学理念，促进了学生批判性思维和创新能力的培养，为学生应对未来社会的挑战奠定了坚实的基础。通过实践活动、项目任务和案例分析等线下互动教学环节，混合式金课进一步强化了学生的问题解决能力和团队合作能力，这些技能的提升对于学生的综合素质提升和未来职业发展至关重要。

通过有效地整合线上线下教学资源，混合式金课不仅提升了教学效率和学习质量，还促进了学生自主学习能力、批判性思维能力和创新能力的发展，对于推动教育现代化、实现教育公平具有重要意义。随着数智化技术的不断进步和教育理念的不断革新，混合式金课将继续引领教育发展的新趋势，为构建终身学习社会贡献力量。

三、混合式金课与传统课程的对比分析

混合式金课与传统课程在教育模式、学习效果、教学资源和学习参与度等方面展现出显著的差异。混合式金课注重将在线教学与面对面教学有机结合，借助数智化技术优化教学过程，而传统课程主要依赖于面对面的授课方式。混合式金课的实施有效地扩展了教学时间和空间，使得学习不再局限于课堂，也不受时间的限制，极大地增强了学习的灵活性与便利性。

在教育模式上，混合式金课通过引入在线学习平台，实现了资源的多元化与个性化学习路径的设计。这种模式允许学生根据自己的学习节奏和兴趣自主学

习，同时在线平台的数据分析功能还能为教师提供学生学习过程的反馈，帮助教师进行针对性的教学调整。相对而言，传统课程缺少这种个性化学习路径的设计，教师难以及时、准确地掌握学生的学习情况，影响了教学的效果和针对性。

从学习效果来看，混合式金课利用互动式学习和协作学习的策略，增加了学生之间以及师生之间的互动，提高了学生的学习投入度和动机，从而提升了学习效果。此外，混合式金课通过在线学习平台的应用，使得学生可以多次观看课程视频，反复练习，这种反馈和复习机制对于知识的巩固是非常有效的。而传统课程中师生互动较少，学生在课堂上的被动接受较多，学习效果往往受限于课堂时间和资源。

在教学资源方面，混合式金课通过网络平台整合大量的教育资源，包括视频讲座、在线讨论、案例分析等，这些资源的多样性极大地丰富了学生的学习内容，满足了不同学习需求。而传统课程通常依赖教科书和教师的授课，教学资源相对单一，难以满足学生个性化和多样化的学习需求。

在学习参与度方面，混合式金课通过在线讨论、互评作业等形式，鼓励学生主动参与学习过程，这种参与除了课堂内，更拓展到了课堂外，极大地提升了学生的学习主动性和参与度。相比之下，传统课程中学生的参与度往往受限于课堂内的互动，学生在课堂外的学习动力和参与度相对较低。

总之，混合式金课与传统课程之间存在显著的差异，这些差异体现在教育模式的创新、学习效果的提升、教学资源的丰富化以及学习参与度的增强等方面。随着教育技术的不断发展，混合式金课展现出其独特的优势，对传统教育模式提出了有效的补充和挑战，对推动教育创新和提高教学质量具有重要意义。

四、实施混合式金课的关键要素

实施混合式金课的关键要素涵盖了课程设计、技术支持、师资能力、学生参与度等多个方面。在未来教育的发展趋势中，混合式金课作为一种创新的教学模式，其成功地实施对于提高教学质量和效果具有重要意义。

课程设计是实施混合式金课的基础。设计高质量的课程内容不仅需要围绕学科核心知识构建，而且要充分考虑数字化教学资源的整合，如何将在线学习和面对面学习有效结合是设计过程中的关键考虑点。良好的课程设计应确保线上和线下活动相得益彰，共同促进学生的学习成效。

技术支持是实施数智化背景下混合式金课的重要保障。信息技术的迅速发展，各种在线学习平台、互动工具及虚拟实验室等技术的应用，极大地丰富了教学手段，也提高了教学的灵活性和互动性。因此，建立健全的技术支持系统，为师生提供稳定可靠的数字化学习环境，是混合式金课实施过程中不可或缺的一环。

师资能力的提升同样关键。在混合式金课的教学模式下，教师不仅需要掌握扎实的学科知识，还应具备利用数字技术进行教学的能力。这要求教师不断学习和更新教育技术的应用，掌握线上教学的策略和方法，能够在变化的教学场景中灵活应对，有效促进学生的学习。

学生参与度的提升是混合式金课成功的关键因素。在混合式学习模式下，学生需要在教师的引导下，自主学习在线课程内容，同时参与面对面的课堂讨论和实践活动。这要求学生具备一定的自学能力和时间管理能力，同时也需要教师通过设计互动性强、有趣味性的教学活动，激发学生的学习兴趣，提高其参与度。

此外，评估与反馈机制的建立也是混合式金课实施中的一个关键要素。有效的评估机制能够及时、准确地反映学生的学习状况，帮助教师调整教学策略和内容。同时，及时的且具有建设性的反馈能够帮助学生了解自己的学习进展，明确学习目标，从而提升学习效率和成效。

总的来说，实施混合式金课的关键要素是多方面的，包括但不限于课程设计、技术支持、师资能力、学生参与度及评估与反馈机制的建立。每一要素都不可忽视，需要教育管理者、教师和学生共同努力，创造有利于混合式金课成功实施的环境，以达到提升教育质量、促进学习效果的目标。

五、数智化技术在混合式金课中的应用

数智化技术在混合式金课中的应用，标志着教育模式的一场革命性转型，旨在通过最新的数字技术优化教育资源配置，提高教学效率和学习成果。在这一过程中，数智化技术不仅是一个辅助工具，更是深度融入教学设计与实践的核心要

素，促进教与学的有效互动，进而提升教育质量。

作为一种创新教学模式，混合式金课集合了面对面教学的互动优势与在线学习的灵活性，在数智化技术的支持下，能够为师生提供更加个性化、高效和动态的学习体验。数智化技术的应用，涵盖了从智能化课堂管理、学习资源的数字化、互动学习平台的建立，到数据分析与反馈等多个方面，每一个环节都在推动着混合式金课向更高质量的方向发展。

智能化课堂管理系统，通过实时监测学习进程和反馈学习结果，有效提高了教学的精准度和针对性。教师可以根据系统提供的数据分析，对教学内容和方法及时进行调整，满足不同学生的需求。同时，系统的智能推荐功能，能够依据学生的学习情况，提供个性化的学习资源和学习路径建议，促进学生主动学习和自我提升。

数字化学习资源的广泛应用，是数智化技术改变教学模式的另一重要方面。通过互联网、大数据等技术手段，海量的学习资料、在线课程和虚拟实验室等资源得以整合与共享，极大丰富了教学内容，并且使学生能够随时随地访问学习材料，突破了时间和空间的限制，实现了学习的自主性和灵活性。

互动学习平台的构建，为教学互动提供了新的场所和形式。这些平台通过讨论区、互评系统、实时问答等功能，增强了学生之间以及师生之间的互动和沟通，为学习提供了社会化的支持。此外，通过游戏化学习、模拟实践等互动形式，学习过程变得更加吸引人和高效，有助于提高学生的学习兴趣和参与度。

数据分析与反馈技术的运用，在混合式金课中起到了不可或缺的作用。通过收集学生的学习数据，分析其学习行为、成绩变化和问题点，教师能够更加精确地识别学生的学习困难和需求，及时进行个性化的指导和干预。同时，学生也可以通过数据反馈了解自己的学习状况，进行自我监控和调整，形成良好的学习习惯，制定有针对性的策略。

数智化技术在混合式金课中的广泛应用，不仅优化了教学资源和教学环境，提高了教学效率和学习效果，还强化了学生的主体地位，实现了学习方式的多样化和个性化。随着技术的不断进步和教育理念的更新，数智化技术将在混合式金课的设计和实施中发挥更大的作用，为教育事业的发展注入新的活力和动力。

六、案例分析与评价在混合式金课中的应用

混合式金课在数智化教育背景下脱颖而出，将信息技术与教育教学深度融合，形成一种新型的课程模式。它从根本上改变了传统的教学模式，优化了教学资源配置，提高了教学效率和学习效果。通过具体案例分析与评价，可进一步明确混合式金课的特征与价值。

案例分析是混合式金课研究中不可或缺的一环。以某高校的混合式金课实施为例，该校通过构建以学生为中心的学习环境，采用对分课堂、翻转课堂、项目化学习等教学方法，极大地激发了学生的学习积极性和主动性。课程内容既有扎实的理论基础，又注重实践能力的培养，线上平台主要提供理论知识学习资料，线下则主要进行讨论、实验等互动式教学活动。该案例表明，混合式金课能够为学生提供更加丰富多样的学习资源，促进学生批判性思维能力和创新能力的发展。

评价混合式金课的有效性，不仅要关注课程设计的科学性和实践性，还需考虑学生的学习体验和满意度。案例中的高校曾通过问卷调查、访谈和数据分析等方法收集学生对混合式金课的反馈意见。分析结果显示，大部分学生对混合式金课表示出极高的认可和满意度，认为这种教学模式有利于提升学习主动性，增强学习效果，同时也指出了一些需要改进的地方，如提高线上学习资源的质量与丰富度、增强线下教学的互动性与针对性等。

七、混合式金课面临的机遇与挑战

混合式金课的理念在数智化教育背景下的成长和发展，契合了现代教育技术与教学理论的深度融合，尤其是在对分课堂模式的探索和应用中，进一步显露出其价值与复杂性。混合式金课的设计和实施，不仅要求教师掌握更加丰富的教育技术和方法，同时也要求学生能够适应更加灵活多变的学习方式。这在提升教育质量和效率方面发挥了重要作用，是其面临的重大机遇，但也面临着不少挑战，需要有效的对策来应对。

在面临的挑战方面，技术基础设施的不足是其中较为突出的问题。尽管数智化水平在提升，但实际操作中，不同地区、不同学校之间在硬件投入和技术支持服务质量方面仍存在较大差异。这在一定程度上限制了混合式金课的广泛应用，特别是在资源较为紧张的地区。针对这一问题，政府和教育部门需要加大对教育信息化基础设施的投资，推动网络、计算机等技术资源的普及和升级，为混合式金课的实施提供有力的硬件支持。

教师的专业发展同样是混合式金课面临的重要挑战之一。混合式金课要求教师不仅要具备传统教学的专业能力，还要熟悉数字技术和在线教学工具，能够有效地设计和管理线上线下结合的教学活动。这就要求对教师进行系统的培训和持续的专业发展支持，帮助他们适应混合式金课的教学模式。教育部门和学校应当建立全面的教师培训体系，提供必要的资源和支持，包括教学设计、技术使用、学生辅导等方面的培训，以提高教师的整体教学能力。

学生适应能力的差异也是一个挑战。混合式金课模式要求学生能够在教师的指导下，自主地安排线上和线下的学习活动。然而，学生的自主学习能力、信息技术应用能力以及时间管理能力等方面的差异，可能会影响到混合式金课的学习效果。为此，学校应当通过导入自主学习指导、学习策略培训以及提供个性化的学习支持等措施，帮助学生提高自主学习能力，确保混合式金课能够充分发挥其效益。

此外，评估和反馈机制的建立也是混合式金课面临的关键挑战之一。有效的评估机制能够帮助教师和学生了解学习效果，及时调整教学和学习策略。因此，需要开发多元化、形式化的评估工具和方法，不仅能够评价学生的知识掌握情况，还能够评估学生的创新能力、批判性思维能力等核心能力。同时，建立及时的反馈机制，使学生能在学习过程中获得有效的指导和帮助，对于提升混合式金课的教学质量尤为重要。

为了持续推进混合式金课的发展，还需要强化研究与创新。混合式金课作为一种新型的教学模式，其理论和方法仍在不断发展之中，需要通过持续的实践和研究来丰富和完善。学术机构、教研团队以及前线教师应当共同参与到混合式金课的研究中，通过实证研究、案例分析等方式，探索更加高效的教学策略和方法，不断提升混合式金课的理论深度和实践价值。

综上所述，混合式金课在未来的发展中，既充满机遇也面临挑战。通过加强基础设施建设、教师专业发展、学生自主学习能力培养、评估和反馈机制的完善以及持续的研究与创新，可以有效应对挑战，推动混合式金课实现更广泛的应用和更深层次的发展，为构建未来教育提供有力的支撑。

第三节　数智化背景下的混合式金课的优势

一、提高学习效率与互动性

混合式金课结合了在线学习与面对面教学的优势，以数智化技术为基础，强化了传统教学模式的不足之处，从而显著提高教育的质量和效率。

随着数智化技术的发展，教育资源变得更加丰富和易于获得。混合式金课便是在这样的背景下应运而生的，它通过在线平台提供课程内容，使学习不再受限于时间和地点，极大地提高了学习的灵活性和可获取性。学生可以根据自己的时间安排和学习进度灵活选择学习时间和地点，这种自主学习的方式有效提升了学习效率。

在互动性方面，混合式金课通过在线讨论区、实时反馈系统等多种互动工具促进师生之间以及学生之间的交流互动。与传统教学相比，这种模式下的互动不再受限于课堂时间和空间，学生可以随时提出疑问并得到反馈，教师也可以根据学生的互动情况实时调整教学策略和内容，实现了教学与学习的个性化。更重要的是，这种多元互动方式为学生提供了更丰富的学习体验，激发了学习兴趣和动力，进一步提高了学习效率。

混合式金课在提高学习效率方面的一个重要途径是通过数据分析进行教学优化。在数智化背景下，教育数据的收集与分析变得更加便捷和准确。通过分析学习平台上的大数据，教师可以了解学生的学习习惯、掌握情况和难点，从而有针对性地调整教学内容和方法，实现精准教学。例如，如果数据显示大多数学生在某个知识点上的掌握程度不高，教师就可以增加该部分的教学资源和练习，确保学生能够充分理解和掌握。这种基于数据的教学优化，使教育更加符合学生的实际需求，提高了学习的成效。

此外，利用数智化工具进行学习资源的个性化推荐也是提高学习效率的一个重要方面。通过分析学生的学习历史、偏好和表现，智能系统可以为学生推荐适合其学习水平和兴趣的资源，帮助学生更高效地获取知识。这种个性化的学习路径不仅能够加深学生对知识的理解，还能有效激发学生的学习兴趣，提高学习的主动性和自主性。

在数智化背景下，混合式金课通过利用先进的技术手段和教学理念，大大提升了教育的质量和效率。通过灵活的学习模式、丰富的互动机制和数据驱动的教学优化，混合式金课不仅提高了学习效率，而且增强了学习的互动性和趣味性。这种教学模式为传统教育带来了革命性的改变，有助于培养适应未来社会发展需求的高素质人才。对于教育工作者来说，深入理解和掌握混合式金课的教学策略和技术应用，将是提高教学效果、促进学生全面发展的关键。

二、适应不同学习风格与需求

数智化教育背景为混合式金课提供了一个创新的实施平台，尤其在适应不同学习风格与需求方面表现出独特优势。在传统的教育模式中，教学内容和方式往往是一成不变的，这对于具有多元学习风格和个性化需求的学生来说是一个明显的局限。相反，在数智化背景下的混合式金课中，通过线上与线下教学的有机结合，能够更灵活地适应和满足学生的个性化学习需求。

混合式金课借助数智化技术，能够实现教学内容的多样化和个性化设置。教师可以根据学生的兴趣、学习习惯和掌握程度，设计不同的学习路径和教学资源，从而提高教学的针对性和有效性。线上教学平台的运用，为学生提供了丰富的学习资源，包括视频课程、互动讨论区和自适应学习系统等，学生可以根据自己的学习进度和风格，自由选择学习时间、学习内容和学习方式，这在很大程度上增强了学习的主动性和自主性。

数智化背景下的混合式金课还能有效促进个性化学习评估和反馈。利用智能数据分析和人工智能技术，教师可以实时跟踪学生的学习进展，及时发现学习中的问题，为学生提供具有针对性的指导和反馈。这种及时的、个性化的学习评估和反馈机制，不仅有利于教师优化教学方法，也使学生能够根据反馈调整学习策略，进而提高学习效率。

此外，混合式金课中线上与线下教学的结合，还有助于培养学生的自我管理能力和跨媒体学习能力。在数智化环境中，学生需要学会管理自己的学习时间，合理规划线上与线下的学习活动。同时，通过在不同的媒体和平台上获取信息和知识，学生能够提升自己的信息筛选和处理能力，这对于培养未来社会所需的综合素质和能力具有重要意义。

适应不同学习风格与需求，是数智化背景下混合式金课的一大优势。在这种新型的教育模式中，学习变得更加个性化、灵活和高效。数智化技术的运用不仅改变了教与学的方式，也促进了教育公平，使得每一个学生都能够根据自己的情况，享受到最适合自己的高质量教育资源。总之，在数智化背景下，混合式金课通过满足不同学习风格和需求，展现了教育创新的巨大潜力和价值，为现代教育改革和发展提供了重要的思路和实践案例。

三、扩展教学资源与内容

在数智化背景下，混合式金课作为一种新兴的教育模式，其核心价值之一在于能显著拓展教育教学的资源与内容。这一优势不仅能够满足日益多样化的学习需求，还能够提高教学效率和教学质量，对于促进学生个性化学习和自主学习具有重要意义。

首先，传统的课堂教学模式由于时间和空间的限制，教学资源往往受到较大限制。而在数智化背景下的混合式金课模式中，教师可以利用数字技术，整合网络资源、在线平台、虚拟实验室等多元化教学资源，极大地丰富了教学内容。这不仅包括各类电子书籍、在线课程、专业论坛的资源，还涉及更为先进的虚拟现实、增强现实等技术手段。通过这些丰富多样的资源和内容，教师可以打破传统课堂的局限性，实现教学内容的多媒体化、立体化呈现，使学生能够从不同角度和维度去理解和掌握知识。

其次，扩展教学资源与内容能够促进学生的个性化学习和自主学习能力的发展。在混合式金课模式下，学生可以根据自己的学习节奏、兴趣爱好及学习需求，选择适合自己的学习资源进行学习。这种学习方式不仅能够激发学生的学习兴趣，还能够培养学生的自主学习能力和问题解决能力，而且通过互联网实现的资源共享还能让学生能够接触到最前沿的知识，满足他们对知识的渴望。

再次，扩展的教学资源与内容也为实现教学个性化提供了可行路径。在混合式金课模式中，教师可以根据学生的学习状况和需求，有针对性地挑选合适的教学资源，进行差异化教学。这不仅可以提高教学的有效性，还能够促进学生能力的全面发展。比如，对于理解能力较强的学生，教师可以提供更加深入、挑战性的学习材料；而对于需要加强基础的学生，教师则可以提供更多的基础知识和练习材料，确保每个学生都能够在自己的水平上得到提升。

最后，扩展教学资源与内容还能够促进知识的跨学科融合与创新。在混合式金课中，教师可以灵活运用不同领域的资源，鼓励学生从多学科的视角进行思考和探索，这不仅能够拓宽学生的知识面，还能够促进学生的创新思维和实践能力的培养。通过跨学科的学习和探索，学生能够更好地理解复杂的社会现象和科学问题，为将来解决实际问题打下坚实的基础。

通过利用丰富多样的教学资源和内容，不仅能够打破传统教学的限制，实现教学内容的多样化和个性化，还能够促进学生的自主学习和跨学科思维能力的发展。在未来的教育实践中，教育工作者应当充分利用这一优势，不断探索和创新，推动教育教学的持续改进和发展。

四、促进跨界与国际化教学合作

在数智化背景下，混合式金课能够有效地促进跨界与国际化教学合作，这是由于数智化让跨界和国际化教学合作更具可行性与有效性。

首先，数智化使教学资源的共享成为可能。以往，教学资源通常受限于地理位置和区域，但在数智化环境下，不同地区和国家的教育资源可以被共享与交流。例如，基于对分课堂的混合式金课可以将高质量的在线资源、慕课课程、大学开放课程，甚至跨国的教育研究成果等灵活应用于教学活动中，打破了时间和空间的限制,使得学生可以随时随地获取所需的学习资源。

其次,数智化也为教学活动提供了跨界、跨文化的交流平台。在混合式金课中,学生可以同全球范围内的同龄人一起学习,相互交流,比如通过学习项目合作、在线讨论等方式,实现思想碰撞和知识互补,扩大他们的全球视野,提升跨文化素养。对于教师而言,他们也可以通过这样的平台,与海内外同行进行深度学术对话和教学实践分享,进一步提升自身的教育教学水平。

最后,数智化所带来的数据分析和智能推荐能力,也为跨界和国际化教学合作提供有力支撑。例如,通过对学生在线学习行为的跟踪和分析,教师可以更好地了解学生的学习需求和学习难点,从而进行个性化教学。而智能推荐系统则可以为学生推荐合适的学习资源,尤其是在跨学科和跨领域的学习中,智能推荐系统能够帮助学生找到感兴趣的知识点,并进一步扩大学习的广度和深度。

通过以上三点我们可以看出,在数智化背景下,混合式金课能有效促进跨界与国际化教学合作,不仅能充分利用全球化内容,提升教学质量,而且能激发学生的主动学习欲望,培育其全球化视野和跨文化素养,实现真正意义上的个性化教育。

然而,我们应看到,这个过程中也会面临诸多挑战,如内容的筛选和整合以及怎样有效引导学生利用这些资源等一系列问题,因此需要制定相应的策略,如建立高质量的资源库、提高学生的信息素养、加强师生之间和学生之间的交流等,以期在促进跨界国际教学合作的同时,确保教学的质量和效果。同时,我们期待,在全球化和数智化的大背景下,基于对分课堂的混合式金课能够贯穿跨界与国际化,带来教育教学的新未来。

五、应对教育挑战的创新策略

随着科技的发展,教育领域也处于快速、深度和全面变革中。由于科技、经济、社会等因素的影响,教育面临的挑战前所未有。在数智化背景下,教育不再仅仅依赖于教室、教科书和教师,而是融合了网络、大数据、人工智能等元素,形成了一个复杂的教育生态系统。因此,我们面临的教育挑战也变得更加复杂。这些挑战主要包括:如何实现个性化教育,确保每个学生都能获得适合自身发展的教育资源和服务；如何打破地域、时间、文化等限制，提升学习的便捷性和效率；如何建立教育公平，缩小教育鸿沟；如何提升教育的互动性和趣味性，促进学习的主动性和积极性等。

可以说，混合式金课正是应对这些挑战的一种创新策略。混合式金课的核心是，通过科技手段，一方面提升教学资源的可获取性和可利用性，另一方面弥补在线教育的互动性不足，确保每个学生学习的有效性和全面性。

首先，我们可以利用大数据、人工智能等技术，建立个性化教学系统，为每个学生提供定制化的学习资源和教学服务，从而实现个性化教育。此外，通过在线学习平台，我们可以突破地域、时间等限制，提供24小时不间断的学习服务，提升学习便捷性和效率。其次，我们可以通过建立公开在线课程、大规模网络开放课程等途径，为所有人提供等质量的教育资源和服务，从而实现教育公平。与此同时，我们可以设置在线问答、讨论等功能，在保障学习资源公开共享的同时，激发学生的学习积极性和主动性。

然而，混合式金课并不是要取代传统教育，而是在提升在线教育的效果的同时，利用面对面教育的优势，实现教育质量的全面提升。在具体实施上，我们可以设立实体课堂，通过小组讨论、实验操作、教师示范等形式，增强学习的互动性和实践性。

不过，混合式金课的实施也面临诸多挑战，如怎样有效地融合线上线下教育、怎样培养和保护学生的数据隐私、怎样应对技术升级和教育改革的挑战等，这些都需要逐一解决。

总的来说，混合式金课这种创新策略有望解决数智化背景下的教育改革的挑战，实现教育的个性化、便捷性、公平性和互动性。但是，这需要我们不断地探索、不断地实践、不断地反思、不断地改进，才能真正发挥其潜能，实现教育质量的全面提升。

第二章

数智化背景下基于对分课堂的混合式金课设计

第一节 对分课堂理念及其实践

一、对分课堂概念解析

对分课堂是一种创新型的教学模式,其名称源于对分课堂把教学划分的三个过程,分别为讲授(Presentation)、内化吸收(Assimilation)和讨论(Discussion),简称PAD课堂。这种教学模式的基础在于个性化习得设计,强调根据每个学生的个性化需求,制定出最适应其学习的课程设计与教学策略。近年来,对分课堂作为一种颠覆传统的、更具人性化的教学模式,受到了越来越多教育工作者和学者的关注。

对分课堂理念的提出,是为了应对传统课堂教学的弊端和局限性。传统的课堂教育往往以教师为主导,所有学生都按照同一个教学计划,以同样的进度学习同样的内容,往往忽视了学生的个体差异,很难满足所有学生的需求。再者,信息技术的发展,互联网和数字化设施的广泛应用,为个性化学习提供了可能。因此,对分课堂应运而生,其目标即为通过更个性化的教学设计,让每个学生都可以按照自己的学习速度、学习风格和学习需要来进行学习。

对分课堂的实施需要基于大量的数据和智能技术的支持。教师需要通过对学生的学习过程、学习成果的跟踪和评估,来了解学生的实际需要和实际表现,从而形成有效的教学设计。这个过程涉及大量的数据收集、分析和报告,需要依赖先进的信息技术设备和智能学习系统。

在具体的教学环节,对分课堂模式旨在提供一种融合面授和线上学习的教学模式,因此,也被视作一种混合式的金课设计。在这种模式下,教师的角色发生了较大的改变,他们不再只是知识的传授者,而是成为学生学习的指导者、支持者和合作者。他们需要通过个性化设计,激发学生的学习兴趣和学习动力,同时,也要通过与学生的互动,促进学生主动参与学习,提高学习的效果。

对分课堂模式的实施也面临着诸多挑战。其中最大的挑战是,如何在大班额的情况下进行个性化教学,也就是如何实现大规模的定制化教学。这需要教育工作者不断地探索和创新,同时也需要社会各方面的支持和配合。

总的来讲,对分课堂是一种创新的教学模式,旨在通过个性化的教学设计,使每个学生都能得到应有的关注和满足。在数智化背景下,我们期望看到更多与PAD模式结合,形成混合式金课的开拓性研究,并期望其在教学中发挥更大的作用。

二、对分课堂的历史发展与现状

我们首先将视角投向对分课堂的历史发展。对分课堂最早可以追溯至20世纪90年代的美国教育界。当时,由于教育资源的不均等性和学生学习水平的差异性,一种新颖的教学方式——对分课堂应运而生。它基于两种主要的教学理念:对比教学和分级教学。在对分课堂的实践中,教师需要对学生进行分层次、分方向的教学,提供多样化的教学方式和资源,使得每一位学生都能够找到适合自身的学习途径。

对分课堂的理念随着时间的推进逐渐在全球范围内得到了推广和应用。尤其在21世纪以来,随着信息技术的日益普及和教育观念的更新换代,对分课堂的理念在教育界获得了前所未有的关注。对分课堂理念鼓励了个性化学习的发展,赋予学生更多的学习自主权,使每位学生都能够在适合自己的环境中个性化地学习,并得到最大化的进步。

然而，其发展过程并非一帆风顺。在早期的对分课堂实践中，由于教师的专业素质和技术设备的限制，教学质量和效果并未达到预期，甚至出现了诸多问题和挑战。然而，通过不断的改革和试验，教育工作者逐渐找到了一种既可以满足教学管理需求，又可以充分发挥学生主体性的教学管理模式。

目前，全球范围内大多数的学校和教育机构均在不同程度上实践对分课堂的教学模式。一方面，教育技术的发展为实践对分课堂提供了可行的技术条件。例如，智能教学系统的应用，可以帮助教师进行学生的个性化管理和定向推送学习资源，大大提高了教学效率和质量。另一方面，现代化教育观念的推广，使得对分课堂的理念得到了更为广泛的应用。

然而，仍然有许多挑战和问题需要我们去解决。例如，如何进行有效的分层教学？如何确保所有的学生都能享受到优质的教学资源和服务？如何提升教师的专业素质和教学能力，以适应对分课堂的教学模式？在未来的教育实践中，我们需要从理论和实践两个层面，不断探索和完善对分课堂的运行模式与管理手段。

总的来说，对分课堂作为一种具有革新性质的教学理念，已经在全球教育界产生了深远的影响。然而，目前的对分课堂在实践中仍存在许多问题和挑战，这需要我们在理论研究和实践应用中进行深度探索与改革。

三、实施对分课堂的先决条件

对分课堂的优势在于能够根据学生的个性和特点进行教学，使得教师的教学更具有针对性和实效性。然而，对分课堂的实施并非只需意愿，而是更需要具备一定的先决条件。

首先，学校的积极支持是实施对分课堂的一项重要的先决条件。学校需要提供足够的资源，包括设施、教材等，此外，还应提供良好的教学环境，包括适合对分课堂的教学空间和设备等。学校的教育理念应与对分课堂模式相吻合，重视每个学生的个体发展和差异性的教学，并愿意投入必要的资源实施对分课堂模式。

其次，教师是对分课堂实施的关键人物。对分课堂的实施要求教师具备较高的教学水平和专业素质，因此，学校需要定期为教师提供专业的师资培训，帮助他们掌握对分课堂教学的方法和技巧。只有经过良好培训的教师才能有效地进行对分课堂的教学。

再次，学生的接受和参与也是实施对分课堂的重要前提。对分课堂模式要求学生具有一定的自主学习和合作学习能力，因此，如何引导和培养学生接受并参与，提高他们学习的主动性和参与感，也是实施对分课堂的一项重要先决条件。

最后，家长的理解和配合也是实施对分课堂的一项重要先决条件。家长是孩子的第一任教师，他们对孩子的教育方式和理念的认知影响深远。只有家长理解并支持对分课堂模式的实施，才能更好地帮助孩子适应具有复杂性和差异性的学习环境。

综上所述，学校的支持、教师的教学水平和专业素质、学生的接受和参与以及家长的理解和配合，都是实施对分课堂的重要先决条件。实施对分课堂需要多方面的配合和努力，只有当所有的条件都具备时，才能确保对分课堂的顺利实施，并最大限度地发挥其教学优势。这需要不断地探索和尝试，不断地调整教学策略。同样，对于不同的学校、不同的教师、不同的学生，实施对分课堂的先决条件也可能会有所不同，因此，对分课堂的实施也需要具有一定的灵活性和针对性。

四、实施对分课堂的具体方法与步骤

第一，确定对分课堂的主题和目标。教师需要清楚课堂教学的主题和目标，按照教学目标拆分教学内容，同时结合学生的实际情况，选择适合学生自主学习和教师课堂引导的内容。

第二，设计教学活动。根据教学目标和教学内容，教师要设计出适合学生自主学习的任务，以及教师引导学生学习的各个环节。教师引导环节可以包括导入新课、示范教学、小组讨论等，学生自主学习阶段则需要让学生通过查阅资料、制作PPT、写读书笔记等方式自我学习。

第三，实施课堂教学。教师在进行课堂教学时，需要控制好教学时间和教学节奏。教师引导环节不宜过长，以保证学生有足够的时间进行自主学习，在自主学习结束后也要安排适当的时间进行知识点总结。

对分课堂带来的变革不仅是教师"教"和学生"学"的方式变化，更重要的是对知识理解深度的提高。对分课堂不仅需要教师有较强的课堂设计和组织能力，更需要他们理解对分课堂的理念和方法，这样才能使对分课堂教学发挥最大的效用，从根本上提高教学质量、提高学生的学习效果。总的来说，对分课堂是一种高效、深入的教学方式，它能够让学生在教师的引领下，通过自我学习达到更高层次的理解和掌握，这对于培养学生的自主学习能力，提高学生的学习效果具有十分重要的意义。

五、对分课堂中的评价与反馈

在对分课堂理念实践的探索中，评价与反馈起着至关重要的作用。对分课堂模式通过科技手段将学生的学习情况，如理解程度、吸收程度、知识掌握情况等进行客观评价，并根据这些评价结果给予个体化反馈，以提升学生的学习效率和效果。

首先，在对分课堂模式下，评价是个性化学习的基础。评价不仅能够反映出学生的学习进度，还能真实、客观地展现学生的学习状态，从而为学生提供更具针对性的学习资源和学习方法，同时也为教师提供了更科学的教学依据。对学生进行个性化评价后，教师能够根据学生的实际情况来调整教学策略，例如调整教学进度，选择适合学生理解的教学方式等。

其次，反馈是连接评价与学习改进的桥梁。有效的反馈不仅包含了对学生表现的评价，还有着对学习过程的指导和建设性建议。这种反馈可以帮助学生明确自己的学习目标，感受到自己在学习过程中的进步以及了解自己存在哪些需要改进的地方。这样的反馈有助于营造积极的学习氛围，促进学生积极参与学习，提升其学习兴趣和学习动机。

在对分课堂中，评价与反馈的作用更为重要。由于对分课堂强调科技手段与教师智慧的融合，教师不再是课堂的唯一主导者，而是转变为学习的导航者和引路者。对分课堂中的评价与反馈希望打破传统评价的限制，实现多元化、个性化的评价与反馈，这样的评价与反馈能给学生带来更多的自我发展的机会，帮助学生实现自我提升。

评价与反馈还可以促进教学的精细化管理。对学生的学习情况进行数据化管理，将有助于教师对学生的学习效果进行全面了解，进而调整教学策略，精确到每一个学生、每一个学习节点，实现教学的精细化管理。

然而，评价与反馈在对分课堂中的运用并不只是科技手段和工具的简单应用，更需要教师把握反馈的时效性、针对性和个体性，同时还要注重反馈内容的深度和广度，确保反馈的质量。同时，评价与反馈也需要学校、教师、学生、家长等各方共同参与、共同推进，以实现对分课堂的更为深入的应用和实践。

总的来说，评价与反馈在对分课堂中的作用不仅在于提供一个个性化学习的环境，更在于通过评价与反馈的实施，实现教学实践的改善，推动教学改进，从而实现教育效益的提高，满足学生的个性化学习需求，完成教育的本质使命。

六、实施对分课堂面临的挑战与应对策略

在这个信息时代，我们不能忽视的一大挑战就是如何在教学中整合并使用新型的教学理念和技术。对分课堂是其中一种应用广泛的新型教学模式，通过对传统课堂教学和在线教学进行有效融合，让教师和学生在一个虚拟与现实交织的环境中进行互动学习。然而要实现这种理念并付诸实践，我们面临着诸多挑战。

首先要面对的挑战就是如何确保教学效果。传统面授课程具有现场互动、即时反馈的优势，而在线课程能够让学习更具自由性、灵活性。在进行对分课堂模式的转变过程中，我们需要找到一个平衡点，让两者的优点得以完美融合，最大化、最优化学习效果。这要求我们要有明确的课程目标，精准掌握每一堂课教学中各个环节的进度和难易度，确定时长，防止学生负担过重或没有重点。

其次，顺利推进对分课堂模式教学的另一个挑战就是教师和学生的技术屏障。我们期待的不只是一种新形式的教学，而是希望在这个过程中，教师和学生能够获得更好的使用体验，轻松掌握和运用新技术。因此，我们需要为教师和学生提供专门的技术培训与持续的技术支持。

再次就是设备和网络的挑战。在线教学需要稳定的网络环境和较好的电子设备支持，但在一些地区，网络环境并不理想，学生获取设备的能力也有限，这就向对分课堂的实施提出了实际问题。

最后，处理好线上线下教学评价也是一项重要的任务。在传统课堂教学中，对学生的评价往往更依赖于各次考试成绩，而对分课堂模式鼓励学生进行自主学习，有着频繁的作业和在线测试，因此对学生的评价也需要有所改变。

面对这些挑战，我们有必要提出以下应对策略。

首先，在实施对分课堂模式之前，需要做好充分的准备工作。包括明确教学目标，设计出科学、合理的课程安排，为学生和教师提供技术培训等。

其次，要进行差异化教学。要关注每一位学生的学习情况，因材施教，碰到难以解决的技术问题时，要及时向专家求助。

再次，可以运用新技术，如人工智能、大数据等，对学生的学习情况进行精准分析，为课程的持续改进和学生的个性化学习提供支持。同时，新技术也可以提高学生的学习效率，减轻他们的学习负担。

最后，需要建立新的评价体系，用更多元的方式去评价学生的学习情况，这可能包括日常在线测试、作业完成情况、学习行为表现等。

总的来说，让对分课堂模式真正落地并得以推广，还有很长的路要走。但只要敢于面对挑战，用心去解决问题，相信我们一定可以实现这个目标。

第二节 基于对分课堂的混合式金课的设计要点

一、确立教学目标与学习成果

在混合式金课中，对于教学目标与学习成果的确立具有至关重要的作用。这不仅决定了课程的方向，也会对学生的学习效果造成直接影响。首先，我们需要明确，教学目标是教师在设定教学过程中，希望学生最终能够达到的认知、技能和情感的整体规定，是教学的指向性；而学习成果则是学生在学习过程中所获得的知识、技能和态度的具体表现，是教学的成果性。

基于对分课堂的混合式金课设计，在收集与整合传统课堂教学和在线学习两种模式优势素质的基础上，对教学目标与学习成果的确立，应着重于以下几个方面。

首先，教学目标的确立需要基于课程内容和学生群体的特性。混合式金课凭借其灵活性和广泛性，要求教学目标符合在学生中普遍存在的学习需求。同时，教学目标应关注学生爱好，以满足不同学生的学习兴趣，提高他们的学习动机。

其次，教学目标需要具有开放性和灵活性。尽管我们是要确立一定的教学目标，这一般被认为应由教师决定，但是在基于对分课堂的混合式金课的设计中，教师应当具有听取学生反馈和调整教学目标的能力。

最后，教学目标应该具有可操作性和可测性。在基于对分课堂的混合式金课的设计中，教师要把抽象的教学目标转化为具体、明确、可执行的教学任务，这样才能更有效地进行教学过程。同时，教学目标的完成情况应能接受量化的或者定性的评价，以测量教学效果。

在确立学习成果方面，应在教学目标的基础上，设计出具有挑战性和可行性的学习任务，以客观、合理地衡量学生对知识和技能的掌握情况。学习成果的设定需要符合教学目标，且具有指导性，将学生导向正确的学习轨迹。在基于对分课堂的混合式金课的设计中，学习成果的设定更要结合在线学习和传统课堂教学的特点，万不可偏废。

教学目标与学习成果的确立，是教与学双方共同的责任。教师应通过多元化的教学方法，引导学生具有主动探索和自主学习的能力和态度，鼓励他们追求卓越的学习成果。同时，学生也需要积极参与自我教学目标的设定与达成过程中，实现自我价值。

总的来说，在基于对分课堂的混合式金课的设计中对于教学目标与学习成果的确立，需要围绕学生和课程内容，以实现知识、技能和情感的整体发展为宗旨。只有在明确了教学目标与学习成果的前提下，才能确保课程设计的科学性与合理性，提高课程的教学质量与学术质量。

二、结合对分课堂模式与混合式金课模式优化教学内容

我们处在一个日新月异的时代，科技的不断发展以及数智化背景的呈现，使

得教育行业也在深入进行融合与改革。基于对分课堂的混合式金课的设计，就是一个典型的教育模式创新实例，它采用数字化、信息化的手段，对传统的教学模式进行了前所未有的变革。而在这个过程中，如何结合对分课堂模式来优化教学内容，成为我们需要深入研究和探讨的重点。

对分课堂是一种将课堂教学与在线学习结合的新型教学模式。它将课堂分为讲授、内化吸收和讨论三个部分，以此实现信息技术和传统教学的深度融合。实践证明，合理地运用对分课堂模式，可以大大提高教学效果，使得教学更加科学、实效。

混合式金课则是一种基于网络和教室的双元教学模式，它可以根据学生的学习情况和个性化需求提供决策支持，使课程设计趋向于多元化、个性化。在数智化背景下，通过合理利用对分课堂模式的优势，结合混合式金课的设计理念，可以强化教学内容，提高教学品质。

具体来说，可以将对分课堂模式和混合式金课的优点相结合，设计、调整教学内容，使之更加精准、有针对性。例如，可以将一些难度较大的主题分解为多个小主题，每个主题再对应一个可以在线自学的模块，并配以复习、测试等功能，从而使学生可以在预习阶段自我学习，通过自我测试、反馈，形成初步的理解。然后在教师讲授环节，通过教师的引导，对问题进行深入学习，实质性地解决学生的疑问。最后，在内化吸收和讨论环节，设计项目或者实验，让学生将所学知识应用于实践，以达到深化学习，巩固知识的效果。

这种方式不仅贴近学生的实际需求，也能提高学习的兴趣和学习效率，是新时代教育理念和数智化手段的有效结合。

结合对分课堂模式与混合式金课优化教学内容是一个系统工程，涉及课程的设计、教师的引导、学生的主动参与等多个方面。我们需要不断尝试、反思、改进，使新的教学理念能够与现代教育手段相结合，提高教育的质量和效率，培养出更加适应社会需求的优秀人才。

三、利用数智化技术强化学习体验

数智化技术是数字化技术和智能化技术的结合，是现今社会发展的重要趋势。随着信息化、大数据、人工智能等技术的快速发展，数智化技术在各个领域产生了广泛的影响。在教育领域，数智化技术的应用改变了传统的教育模式，推动了教育的创新。

数智化技术可以从多个方面强化学习体验，例如增加学习的灵活性、提升学习的适应性、提高学习效率等。首先，数智化技术可以实现个性化、差异化的教学，满足不同学生的学习需求，使他们能够通过自己的方式和节奏进行学习，从而增强学习的灵活性；其次，数智化技术可根据学生的学习状态以及需求进行智能化、个性化的指导和反馈，提高教学的适应性；最后，数智化技术凭借大数据等技术，可以分析和处理大量的教学数据，提供作为学习决策的依据，从而提高学习效率。

数字智能化时代带来的新科技手段，让教育变得更具有趣味性、互动性和效果性。让数智化技术服务于教育，成为提高教育质量必然的选择。在基于对分课堂的混合式金课的设计中，我们可以充分利用数智化技术，设计出一套符合新时代学习需求、充分体现教育公平和提升学习效率的教育课程体系。

四、促进学生主动学习

学习不能是一件被动的事情，相反，它需要学生积极地去参与、去思考，尤其是在数智化背景下基于对分课堂的混合式金课设计中，如何制定出有效的策略来促进学生主动学习，成为课程设计及执行过程中的重要课题。

主动学习并非单纯的自学，它除了体现在学生学习的主动性上，更多的是一种教学方式和教学策略，要求学生在教师的引导和监督下，积极参与学习活动，主动探究知识，并把握自我学习的过程。学生主动学习，需要有充分的动手实践以及与他人的互动交流，这样才能够创新性地处理问题，激活思维和想象力。

一是多样化的教学方式。学习是多种方式并存的过程，教师应当根据课程的性质和学生的特点，设计出多种教学方式。要让学生在看、听、说、读、写等多方面都有所参与，从而调动学生的积极性，促进他们主动学习。

二是引导学生建立明确的学习目标。教师应引导学生明确学习的目标和方向，让他们对学习有明确的期待。而学生一旦明确了自己的目标，就更愿意投入到主动学习的过程中。

三是进行焦点讨论和小组合作。教师可以设置一些讨论题目或者问题，由学生分成小组进行讨论，甚至可以设计一些小项目，让学生在合作中学习，并且在合作过程中成为主动的信息提供者和获取者，不断推动他们向目标前进。

四是持续给予引导与反馈。教师在整个教学过程中，应时刻对学生与学习的接触度予以监测，并不断调整教学策略和方法，以保证有效教学。同时，教师还需要及时给出反馈，鼓励学生努力并持续学习。

在基于对分课堂的混合式金课设计中，要真正实现学生的主动学习，关键在于教师精心设计的教学策略，和对学生持续的引导与反馈。只有这样，才能激发学生在基于对分课堂的混合式金课设计中主动学习的热情与动力。

五、加强教与学的实时互动

在基于对分课堂的混合式金课的设计流程中，加强教与学的实时互动无疑是一项至关重要的内容。无论是线上的网络教学，还是线下的面授教学，教师与学生之间都要尽量实现实时互动，从传统单向的授课模式变为双向的互动模式。那么，在基于对分课堂的混合式金课设计原则的情境之下，如何具体去实现教与学的实时互动呢？

首先，教与学的实时互动应遵守"互动性"的原则。互动性并不是指教师与学生之间的简单的提问与答疑，而是学生积极参与到教学活动中去，向教师反馈过程与结果，通过问题挖掘深层次的知识与理解，这个过程需要教师做出相应的引导与解答。与此同时，教师也应鼓励学生之间的实时交流互动，形成对某个知识的共识，加深理解。

其次，教与学的实时互动需要遵循"及时反馈"原则。在这种新的教学模式中，教与学的实时互动并不止于课堂上，也涵盖了课后反馈，例如作业评讲、错题分析等，这些都需要教师进行有效、及时的反馈。有效的反馈不仅可以帮助学生纠正错误，更能在错误中开展反思，转化为动力，提升学习效率。

再次，教与学的实时互动体现在"协作学习"的设计上。在这种新的教学模式下，教师应设计一些需要学生协作完成的任务，以增强学生的团队协作意识和能力，构建学习共同体。在协作学习的过程中，既可以锻炼学生的社会性，增强他们处理问题的能力，同时也为教与学提供了更多、更深入的实时互动机会。

最后，"任课教师主导，学生参与"的教学模式，也是实现教与学实时互动的重要方式。教师在教学过程中，不仅作为知识的传授者，更是学生学习的引导者、协助者。教师需要主动引导学生，激发其学习兴趣，激活学生的主动学习，使他们能够积极参与到课堂教学活动中，实现教与学的紧密互动。

在实践操作上，教师可以利用数智化教学工具，如智能投影、电子白板等，采用多媒体、网络等多种方式进行教研，提升教与学的实时互动效果。同时，借助课堂互动平台，教师还可以发挥学生的主动性，让学生自我评价、互相评价、采访、辩论，提供多元化的互动场景。另外，教师还可以利用在线测试、在线问答等方式收集及反馈学生的学习数据，做到精准教学。

基于对分课堂的混合式金课设计中，教与学的实时互动强调教学活动中的教师与学生的双向交流、及时反馈、协作学习和师生主导等，这不仅有利于提升学生的学习效果，也是推动教育教学升级，实现现代化、数智化教育的必然要求。因此，将以上要点运用到混合式金课的教与学中，势必能够提升教学效果，增强学生的积极性，打造贴合当下教育发展需求的优质课程。

第三节　基于对分课堂的混合式金课的设计流程

一、分析目标受众与其前置技能

在探讨基于对分课堂的混合式金课的设计流程中，分析目标受众与其前置技能是一个非常重要的步骤。目标受众的分析包括确定课程的受众类型、需求与特征，而前置技能的分析则是确定学习者所需的基础知识与能力。这两个方面都是设计的重要基础条件，对于激发学生的学习兴趣、提升学习效果以及打造出适合受众需求的课程具有关键性的影响。

我们首先来看看如何分析目标受众。确定目标受众主要依据的是课程定位和教学目标。不同的受众类型，其所掌握的基础知识学习习惯、理解能力以及学习需求都有显著的区别，因此针对不同的受众设计不同的课程才能更好地满足其学习需求。例如，在设计高等教育阶段的基于对分课堂的混合式金课时，我们的目标受众可能是大学生或研究生，此时需要考虑他们的学习习惯，例如是否有较强的自主学习能力、是否习惯于线上学习等。同样，如果受众是在职培训人员，那么课程可能需要考虑进一步加强实践应用、案例讲解等环节。对目标受众的全面、深入分析，能够帮助我们更准确地找到教学的切入点，更好地满足受众的需求。

其次，我们来探讨如何分析其前置技能。在设计课程时，考虑学生的前置技能非常必要。前置技能是指学生在学习本课程之前就应具备的知识和技能。这些知识和技能不仅包括一些基础的知识，例如学习一门编程语言课程时需要具备的计算机基础知识，或者学习一门高级数学课程时需要具备的基础数学知识，也可能包括一些基本的学习技能，如文献查找能力、自主学习能力等。通过分析前置技能，教师可以充分了解学生的基础，避免课程难度过高或过低，造成学生的学习压力或学习兴趣的丧失。此外，有针对性的前置技能培养也有助于提高基于对分课堂的混合式金课的教学质量。

在基于对分课堂的混合式金课的设计中，对目标受众与其前置技能的准确分析是至关重要的。确切知道受众的需求可以更好地调整教学内容和教学方式，而前置技能的明确则能有效规避因基础不足引发的学习障碍。同时，它们也是整个课程设计成功，以及真正实现教学目标的一个重要保证。

然而，在实际分析过程中，我们也需要注意保持一种灵活的态度。目标受众与其前置技能的分析并非一劳永逸，随着教学过程的开始和进行，教师可能需要不断地根据学生的实际反馈和学习进度调整课程设计，对目标受众和前置技能进行反复分析和评估。因此，在实践中，不仅要明确了解如何全面、深入地分析目标受众与其前置技能，同时也要明确只有不断反思、调整，才能设计出真正适合学生、能够达到预期教学效果的基于对分课堂的混合式金课。

二、设计混合式教学活动

设计混合式教学活动是推动基于对分课堂的混合式金课实施的重要环节，它主要涉及教学活动的内容设计、形式设计以及实施控制等关键问题。通过精心设计的混合式教学活动，可以促进学生的深度学习，提升学生的学习效果和课堂的互动性。

教学活动的内容设计是混合式教学活动设计的核心，它需要围绕课程目标来规划和设计，以确保教学内容的全面性和连贯性。设计时需要充分考虑学生已掌握的知识、学习兴趣和学习态度，通过引入实际问题和案例，增强课程的实用性和关联性。此外，教学活动的内容设计还应注重知识的系统性和层次性，设置合理的学习目标和任务，帮助学生形成完整的知识体系。

教学活动的形式设计是混合式教学活动设计的又一重要环节，它主要涉及教学活动的方式和方法的选择。根据教学目标和学生的需求，可以选择讲解、练习、讨论、研究、参观等多种教学形式，形成讲解与练习、独立学习与合作学习、线上学习与线下学习等多元化的教学模式。此外，教学活动的形式设计还应根据混合式金课的优点和特点，借助现代信息技术手段，丰富教学手段和方式，提高教学效率。

教学活动的实施控制主要指导和监控教学活动的实施过程，保证教学活动的有效实现。为了确保混合式金课的效果，需要根据教学计划，进行持续的教学评价和反馈，及时调整教学活动的安排和内容，提高教学活动的实时性和针对性。此外，还应做好教学资源的管理和利用，优化课堂环境，创造有利于混合式金课实施的条件。

设计混合式教学活动是一个系统工程，它不仅涉及教学内容的设计，还涉及教学方式的选择、教学资源的利用、教学环境的营造等方面。只有全面考虑这些因素，才能设计出有效的混合式教学活动，推动基于对分课堂的混合式金课的实施，进而提升教学效率，提高学生的学习成效和满意度。同时，设计混合式教学活动也要注重创新，不断探索新的教学模式和方法，以适应新的教学需求和挑战。

总的来说，设计混合式教学活动需要教师具有良好的教学设计能力和技巧。他们要能熟练地运用教学理论知识，将教学目标、教学内容和教学方式有效地整合在一起，形成一种均衡的教学模式。同时，教师还需要有较强的信息技术应用能力，能够有效地利用现代信息技术手段，丰富教学手段和教学资源，提高教学效率和效果。因此，提高教师的教学设计能力和信息技术应用能力，是实施基于对分课堂的混合式金课的重要保证。

三、构建互动与反馈机制

在基于对分课堂的混合式金课设计过程中，构建有效的互动与反馈机制是至关重要的。互动和反馈机制不仅可以提高学生的学习积极性，更有助于教师根据反馈进行教学调整，以实现更优质的教学效果。

首先，设计互动机制，需要考虑学习者的差异性。在对分课堂的环境中，需要考虑每一个学生的学习需求和特性，为他们量身设计最适合的学习方案。这就需要在教学设计的过程中，充分调动学生的主观能动性，激发他们的学习积极性，通过主题讨论、合作学习、研讨会等多种形式，帮助学生深入理解和掌握知识。

其次，在课程设计中，应该设计互动的环节，通过实景模拟、情景模拟、角色扮演等形式，帮助学生将知识与实践相结合，了解知识的应用和价值。此外，对于线上学习环节，需要利用多媒体、互联网等技术手段，设计丰富有趣的互动模式，如在线测试、讨论论坛、视频课程等，提高学生的学习参与度。

再次，反馈机制的构建则是为了了解学生的学习动态，对教学效果进行实时评估和调整。反馈既能让学生熟悉自己的学习成果，也能让教师了解自己的教学效果。在设计反馈机制时，首要的是做到及时、准确和具有针对性。对于学生的学习情况，要提供及时、准确的反馈，及时调整学习策略。在给出反馈时，还需要充分考虑学生的心理承受能力，既要实事求是地反映学生的学习情况，又要采用积极的反馈方式激励学生。

最后，对于教师的教学效果，也要进行评估和反馈。学生的反馈是教师评估自身教学水平的重要参照，可以通过学生的学习成绩、学生的反馈意见等多角度来评估教学效果，根据评估结果及时调整教学策略。

在基于对分课堂的混合式金课中，互动与反馈机制都需要用心设计和实施，为了得到最好的教学效果，应该多方考虑，善用各种工具和资源，做出最适合学生学习的组合。但是，最根本的还是要对每一个学生进行个性化教学，满足他们的学习需求，为他们提供良好的学习环境和体验。

四、选择合适的数智化工具与资源

什么是数智化工具与资源呢？简单来说，这是利用信息化手段，以数据驱动的方式，有效获取、管理、分析、利用数据的一种手段，是教学改革的一个重要组成部分。对于基于对分课堂的混合式金课而言，选择合适的数智化工具和资源至关重要，因为它们能够有效推动教学创新，并提升学习体验。

首先，需要对教育资源进行科学、系统的分类。常见的教育资源主要包括教材资源、题库资源、教学视频、音频等多媒体资源，实验资源等。根据不同的教学需求，教师可以选择合适的资源进行教学设计。同时，还需关注数字化教育资源的质量，要选择质量更高的、可以更好地支持基于对分课堂的混合式金课的实施的资源。

其次，选择合适的数智化工具。目前，数智化工具涵盖了在线教育平台、学习管理系统、人工智能教师等多种形式，其中每一种工具都有其自身的特点和优势。对于基于对分课堂的混合式金课，最好选择那些可以支持线上线下融合、支持挖掘和分析学习数据、支持个性化学习的工具。如此，可以根据学生的学习状况进行实时监控和调整教学策略，以达到优化教学的目的。选择数智化工具中所指的"适合"，既包括这个工具要适合教师的操作习惯和技术水平，也包括其要适合学生的学习习惯和需求。因此，教师需要在兼顾教学需求和学生需求的同时，注意对工具的易用性和实用性进行评估，从而作出正确的选择。

好的数智化工具可以大大提高基于对分课堂的混合式金课的教学质量，但如何将这些工具融入课程的设计中，并充分发挥其作用，需要教师在设计和实施过程中进行探索和实践。同时必须注意到，工具只是手段，最重要的还是人。教师要以开放和创新的思维，从实际教学出发，结合自己的教学理念，发现和创新更多适合自己、适合学校、适合学生的教学模式。未来，数智化教学还有很多需要研究和探索的空间，需要保持持续的学习和思考，充分发挥我们的想象力和创造力，为数智化教育创造更多的可能性。

第三章
数智化技术在基于对分课堂的混合式金课中的应用

第一节 人工智能技术的应用

一、人工智能在教学内容个性化中的应用

数字科技的飞速发展，以及智能化科技的逐渐普及，为教育提供了无尽的可能。传统的教育方式，因为教师与学生数量的失衡，在很大程度上无法满足学生个性化学习的需求。在这样的背景下，人工智能技术的应用，使得基于对分课堂的混合式金课提供个性化教学内容成为可能。在这个过程中，人工智能不仅可以提供个性化的教师教学内容，还将走出传统的教育困境，帮助每一个学生得到个性化的教育。

在基于对分课堂的混合式金课中，人工智能技术可以通过大数据分析了解每一个学生的学习习惯和能力，为他们提供合适的学习内容，从而实现真正的个性化学习。比如，针对基础知识比较薄弱的学生，人工智能会为他们提供一些基本功课，并通过一些有趣的方式来帮助他们巩固学习；而对于那些基础知识掌握扎实的学生，人工智能则会推荐一些高级的学习课程，帮助他们拓宽知识领域，提升学习能力。

而更为重要的是，人工智能能够根据学生的学习进度，适时调整教学计划。

以前，教师只能根据自己的经验和感觉来制订教学计划，而这种方式往往难以适应每一个学生的需求。然而，随着人工智能的进步，人工智能可以根据每一个学生的学习情况自动调整教学进度，这就解决了老师不能针对每一个学生制订教学计划的问题。

人工智能在教学内容个性化中的应用也表现在辅助教师工作方面。传统的教师在教学过程中需要把大部分时间和精力花在准备教材、制订教学计划和批改作业上，而人工智能可以帮助教师解决这些问题。例如，它可以通过学生的学习数据和学习进度，自动为教师制订教学计划，提供教学建议；在批改作业方面，人工智能也可以自动批改学生的作业并给予反馈，节省教师的时间，使他们可以把更多的精力花在与学生互动、提升教学质量上。

当然，人工智能在教学内容个性化中的应用并不只是上述几点，还包括许多其他的方向，比如语音识别、自然语言处理、情绪分析等。这些方向都可以通过人工智能来帮助提升教学质量，使每个学生都能得到个性化的教育。

总的来说，人工智能在教学内容个性化中的应用，无论是对于学生还是教师来说，都是一种彻底的全新的改变。这种改变必然会带给教育体系巨大的影响。可以预见，未来的教育将会被个性化、智能化的教学重塑，而这个变化，也并非仅仅局限于基于对分课堂的混合式金课的范畴，而这是一个充满可能性的未来。

二、人工智能在学生学习行为分析中的应用

在当今社会，人工智能正在逐渐渗透至各个领域，改变着人们的生活与工作方式。其中，在教育场景中，人工智能的应用也成为研究的热点。人工智能技术已经在基于对分课堂的混合式金课中找到了广阔的应用空间，它能够通过对学生学习行为的分析，实现个性化教育，提高学生的学习效果。

首先，人工智能技术可以实现对学生学习行为的精细化追踪，提供个性化的教学反馈。人工智能的智能识别和档案跟踪技术，可以将学生在线学习过程中的行为，诸如学习时间、学习频率、学习进度、学习效率等进行全面掌握和分析。这些学习行为数据，可有效反映学生的学习进度、习惯和问题等，根据这些信

息，教师可以自动为学生分发个性化的学习任务和效果反馈，从而提高学生的学习效率。

其次，通过人工智能模型的学习和训练，可以获得对学生学习行为的深度识别，从而预测学生的学业绩效，这对于防止学生跟不上学习进度或出现学习困难有非常大的作用。人工智能模型可以学习学生的历史学习数据，包括学习成绩、学习时间、学习强度、学习效果等，经过大量数据训练后，模型能总结出学生学习行为与学业绩效之间的隐含关系，从而准确预测出学生的未来学业表现。这对于提前发现学生学习困难，进行干预和调整，防止学生出现学习滞后，有着巨大的价值。

最后，人工智能技术还可以帮助教师理解学生的学习兴趣和优势，从而进行更精准的教学设计。通过对学生学习行为的数据分析，可以得出学生对某些学科或者某种学习方式的偏好。教师可以依据这些信息，调整教学内容和教学方式，以更符合学生个人兴趣的方式传授知识，激发学生的学习激情。

尽管人工智能在学生学习行为分析中的应用展现了巨大的潜力，但在应用过程中也应注意避免隐私泄露问题和对数据的过度依赖。数据的收集和处理应该尊重学生的隐私，避免泄露学生个人信息；而过度依赖数据的指导，可能会导致教师忽视对学生实际情况的深入了解。

总的来说，人工智能在学生学习行为分析中的应用，为教育提供了新的可能。在承认这一点的同时，应当对此进行审慎与负责任的推动和使用。无论是对于教师，还是学生，抑或是教育机构，人工智能的这一潜力，都值得深入研究和充分利用。

三、人工智能在学习评估与反馈系统中的应用

人工智能的确是一个强大的工具，能以一种前所未有的方式促进教育的发展，尤其是在学习评估和反馈系统的实施上。基于对分课堂的混合式金课是一种融合了线上教学和线下教学的教学模式，目的是发挥这两种教学方式的优势，满足学生不同的学习需要。

人工智能在学习评估与反馈系统中的应用主要体现在以下几个方面。

一是学习成果评估。在过去，教师通常需要手动计算和统计学生的成绩，这是一个既耗费时间又容易出错的过程。但是，在应用了人工智能技术的评估系统中，可以自动收集学生在学习过程中的多种数据，如学习时间、完成任务的速度、题目的错误率等，然后通过算法自动计算出学生的学习成果。这样的方式不仅快速，而且准确，极大地提高了评估效率和准确性、针对性。

二是个性化反馈。针对学生的学习进度和效果，人工智能评估系统可以提供个性化反馈，如学习建议、改善策略等。通过数据分析，系统可以根据学生过去的学习记录预测其未来的学习行为，从而提供及时、准确的反馈。这种反馈方法比传统的反馈方法更具个性化，更有助于提高学生的学习效率和质量。

三是动态调整教学方案。在人工智能评估系统中，教师可以实时获取学生的学习数据，根据学生的学习状况动态调整教学方案。例如，如果某一知识点是学习重点或大部分学生掌握困难，教师可以就此知识点补充教学，从而提升教学质量。

四是智能测评。人工智能评估系统具有强大的数据计算和分析能力，可以扩大试题库，进行全面的学生测试，并对每个学生的表现进行深度分析和点评。通过智能测评，教师可以了解学生在学习过程中的知识掌握情况和弱点，以便调整教学策略。

五是学习语境模拟。人工智能可以帮助创建高度逼真的教育场景，让学生有在真实情境中学习的感觉。比如，通过虚拟现实和增强现实技术，人工智能技术可以创建一个生动的三维环境，学生可以在其中自由学习、研究，从而加深他们的学习体验。

总的来说，人工智能的确能够在基于对分课堂的混合式金课的评估与反馈系统中发挥重要作用。它能提供大量关于学生学习情况的实时数据，有助于从各方面对学生的学习情况进行精细化的管理，这对于教师、学校甚至整个教育系统而言是一种积极的促动。没有任何疑问，未来人工智能在混合式金课的评估与反馈系统中的应用会更加丰富和深入。

四、人工智能在课堂互动增强中的应用

随着科技的快速发展和普及，人工智能技术已经在我们的日常生活中占据了

越来越重要的位置，且不断地向多元化的领域发展，其中典型的应用场景就是在教育领域。

数智化技术在混合式金课中起着关键的推动作用。基于对分课堂的混合式金课模式结合了传统教学模式与在线教学，以此更好地适应个体差异、满足学生的多样化学习需求。人工智能技术正是在这种模式中承载着引领教育创新的重任，引导教育者按照教育规律展开教育活动，帮助学生更高效、更有质量地学习。

首先，人工智能可以通过大数据分析的方式，来提高基于对分课堂的混合式金课的互动性。在教学过程中，教师可以通过人工智能技术收集学生的学习数据，比如学习习惯、学习时长、学习成绩等，并通过数据分析，获取关于学生学习状态、学习问题等方面的信息，以便更了解学生的学习进度，进行有针对性的教学。此外，也可以通过对学生问题的预测，实现问题的精确推送，从而提升课堂的互动性。

其次，人工智能可以通过深度学习的方法，实现个性化推送内容，让学生在学习的过程中取得更好的学习效果，从而提高课堂的互动性。它能够根据每个学生的基础知识水平、学习速度和学习兴趣来推送个性化的学习内容，克服传统教学模式中单一教学内容、固定教学速度的限制，充分发挥个性化教学的优点，使得每个学生都可以在课堂中找到适合自己的学习途径和节奏。

再次，人工智能在提供实时反馈方面，也具有极大的优势。为了让教学过程更有针对性，人工智能通过自动分析学生的学习数据和测试成绩，为教师提供即时反馈，使教师可以根据反馈的结果，调整教学计划或者实施教学干预，提高教学效果。

最后，人工智能在提升课堂互动性上，还表现在与学生的交互过程中。例如通过虚拟教师、智能语音互动等人工智能技术，可以让学生在课堂上有更多的参与，提升课堂的互动活跃度。

综合而言，人工智能在基于对分课堂的混合式金课中的应用，无论是从学生数据的收集与分析，还是从个性化推送内容的角度，或者是从实时反馈，以及与学生的直接交互等多个方面，都能重构课堂互动模式，从而提高课堂的互动性。可以预见，在科技越来越发达的未来，人工智能将在教学过程中发挥更大的作用，成为引领教育创新的新引擎。

五、人工智能在资源优化配置中的应用

在基于对分课堂的混合式金课教育模式中，资源优化配置是教育质量和教学效果的关键因素之一。基于人工智能的资源优化配置是通过人工智能技术对各类教育资源进行智能分析、调动和利用，以达到优化教育资源配置，提高教育教学效果的目的。人工智能在混合式金课资源优化配置方面的应用，主要体现在以下几个方面。

首先，课程资源配置。人工智能技术能够根据个体学生的学习需求和能力，智能化地进行课程资源的个性化配置和推荐。这种方式可以使每个学生都得到最适合自己的教学资源，提高了基于对分课堂的混合式金课的针对性和有效性。

其次，教学资源配置。人工智能不仅能优化课程资源，还能优化教学资源。教学资源主要包括教学平台、教学工具、教学材料等。人工智能通过大数据分析和机器学习算法，能够智能优化教学资源配置，使其更符合教师的教学需求，提升教学效率和质量。

再次，学习评估资源配置。人工智能技术可以提供更精确和个性化的学习评估。基于学生的学习习惯、学习成绩等数据，人工智能可以生成个性化的学习报告和推荐更贴切的学习路径，有助于优化学习评估资源的配置，提高学生的学习效果。

最后，教育环境资源的优化配置。具体来说，人工智能可以通过对学生的学习行为、挫败感经历、成绩水平等数据进行分析，以便在基于对分课堂的混合式金课的环境中创建最优的学习体验。这种优化配置能有效提升学生在这种课堂模式中的学习感受和效果。

经过上述讨论，我们可以看到，人工智能基于对分课堂在混合式金课中的资源优化配置应用已开始形成新的教学改革之势。它以高度智能化和个性化的方式，深度地服务于教育一线，大大提高了教学效率和质量，为基于对分课堂的混合式金课的发展注入了新的活力和可能。

需要注意的是，尽管人工智能在资源优化配置方面具有很高的应用价值，但在实际运用中，仍需充分考虑人机协作的关系，以人为本，确保教育的公平性和

公正性，防止因技术应用过度而导致的教育资源配置不均。此外，对人工智能技术的使用，也需要在尊重个体隐私的原则下，依法依规进行。

总之，人工智能在基于对分课堂的混合式金课资源优化配置中的应用是教育发展新阶段的一个重要特征，处于探索和实践中，带来了显著的改变。我们期待在未来，人工智能技术能更好地服务于教育，为每个学生提供更优质、更公平的教育。

六、人工智能在教育辅助决策中的应用

人工智能的应用通常是指由机器模拟的人类智能过程，这些过程包括学习（理解信息）、推理（使用规则推断结论）和自我修正。

在教育领域，人工智能的运用为学生和教师提供了更为方便的学习与教学方式。人工智能技术能持续记录和分析学生的学习行为与能力，形成动态的、个性化的学习路径和策略，帮助学生实现效果优异的深度学习。此外，它还可以作为教师的辅助工具，提供大量的学习资源，并提供具有参考价值的教学策略。

在谈到人工智能在教育辅助决策中的应用时，我们主要讨论三个方面：优化教学方法、提供个性化学习路径和提高教育成效。

首先，人工智能可以帮助优化教学方法。通过分析学生的学习行为和反馈，人工智能能够确定哪种教学方法对某一学生或某一群学生是最有效的。例如，有的学生可能更善于通过视听方式学习，而有的学生则可能更偏向于实践操作。通过这些数据，教师可以对教学方法作出调整，以适应不同学生的学习需求。

其次，提供个性化学习路径。每个学生都有自己独特的学习方式和进度，人工智能能够通过分析学生的学习情况不断地调整和完善学习路径，确保所有学生都能在适合自己的节奏和方式下学习。

最后，人工智能还能够提高教育成效。通过使用人工智能，教师可以获取大量的学习数据，包括学生注意力的分布、学习效率、知识掌握程度等。基于这些数据，教师可以及时调整教学策略，提高教学效果。

人工智能在教育辅助决策中的应用为教育领域带来了革命性的变化。随着技术的发展，人工智能将在更多方面发挥巨大的潜力，优化教育环境，提高教育

质量。同时，也需要注意，尽管人工智能有很多优点，但仍需审慎地看待并克服其可能带来的挑战，如隐私问题、数据安全等。总的来说，人工智能的引入为我们提供了一种新的视角和方式去思考和解决教育问题，这无疑是教育发展的一大助力。

第二节 大数据技术的应用

一、大数据技术在课程设计中的应用

大数据技术基于与信息技术相关的计算和统计方法，用于分析和解读大规模、复杂及快速变化的各种类型的数据，以从中获得有价值的信息。随着智能化、网络化技术的发展及应用广泛，学者们已经开始重视大数据时代下的课程设计问题。

在当代信息环境下，课程设计不再仅仅是教师的课程教学计划，它还需要充分利用大数据技术，对学生的学习需求和学习行为进行深度的识别与全面的分析。基于此，大数据技术在课程设计中的应用可以从以下几个方面进行阐述。

一是精准定位教学需求。大数据技术可以深度挖掘学生的学习需求，为课程设计提供精准的教学需求定位。通过对学生的学习数据进行分析，可以了解到学生的学习兴趣、学习习惯、学习难点等信息，将这些信息与课程教学目标相结合，可以提高课程设计的针对性和有效性。

二是优化教学设计。基于大数据技术的课程设计，可以实时反馈学生的学习状态，以此提供有针对性的教学策略，优化教学设计。学生的学习进度、学习成效、学习行为等大数据信息，都可以作为教师进行教学反思、再设计教学的重要依据。

三是实现个性化教学。大数据技术有利于实现个性化教学，提供满足不同学生需求的课程。基于学生的学习数据，可进行个性化路径的设计，比如通过挖掘

学生的兴趣点，设计符合其兴趣的课程内容；或者根据学生的掌握程度，调整每个学生的学习进度，从而达到个性化教学的目标。

四是改善教学效果。通过应用大数据技术，学校和教师能更好地了解学生的课堂表现和学习过程，从而及时调整教学方法，改善教学效果。比如通过集合学生的学习行为数据，分析学生的学习习惯，进而对课程时间、课程难度和教学方式等进行合理的调整。

五是预测教学趋势。基于大数据的课程设计，可以根据历史数据和当前信息预测未来的教学趋势，提前做好课程规划，从而增强教学的预见性、前瞻性和领先性。

总的来说，大数据技术通过深度挖掘和准确分析学生的学习数据，给课程设计带来了前所未有的便利。它极大地优化了教学内容、教学形式和教学策略，使教学更加精准和个性化，也同时带来了预测教学趋势、改善教学效果等好处，这也表明大数据技术带来的变革将会成为课程设计领域的新趋势。因此，在征服科技力量的同时，也应探索如何利用这种强大的工具来改进教育实践，从而提高教育质量，实现教育公平。

二、大数据在分析与优化学习内容和路径中的应用

随着信息技术与数据科学融入教育行业的数智化时代的到来，越来越多的教育机构开始尝试传统教育与科技手段的混合发展模式。基于对分课堂的混合式金课作为结合了线上和线下教学的模式，旨在提供一个互动式的学习环境，提高学习效率和学生满意度。在这种复合型教学模式中，数智化技术得以充分发挥其优势，其中，大数据技术的应用，尤其是通过大数据技术分析与优化学习内容和路径则更是重要内容。

在大数据优化学习内容方面，教师可根据大数据的反馈及时改进课堂教学策略。例如，通过大数据可以观察到学生的学习行为，比如哪些课程内容学生更感兴趣，哪些内容他们可能会遇到困难。通过和其他相关数据进行对比，比如学生的个体特征，甚至是以往的学习记录等，教师能预测哪一部分的知识学生会遇到困难，从而调整教学策略。此外，大数据也有助于提供更个性化的资源和服务。

在大数据优化学习路径方面，首先，大数据可以帮助理解学生的学习轨迹，包括他们的学习速度、学习方式甚至学习习惯。对于学习速度相对较慢的学生，教师可以提供进度较慢的学习路径，以便他们能更好地掌握知识。对于学习方式和学习习惯，一部分学生可能更倾向于通过视频学习，而另一部分学生可能更偏向于阅读文本。大数据可以帮助教师察觉到这些差异，从而提供多样化的学习路径。另外，大数据还可以根据学生的学习记录预测其可能出现的困难，并为其提供相应的帮助。

此外，运用大数据技术的基于对分课堂的混合式金课，可以实现学生自主、主动的学习模式，这是因为大数据技术为学生提供的不仅是教学内容，还包括对其学习过程中遇到的困难和问题的解决策略。大数据可以为每个学生提供个性化的学习建议，包括需要复习的知识点、下一步的学习方向，甚至未来可能感兴趣的课题等。在这种情况下，学生有更多的机会自主选择他们的学习路径，无论是需要深入某个领域，还是跨领域学习，他们都可以获得全面且有效的指导，大大提高了学习的效率和学习的乐趣。

总的来说，大数据技术的广泛应用，不仅能优化学习内容、实现个性化教学，也能优化学生的学习路径，提升他们的学习体验。这种科技与教学的完美结合，将在未来为教育领域提供更大的创新与可能。

三、大数据技术在学习评估和反馈中的应用

在基于对分课堂的混合式金课中，大数据技术在学习评估和反馈环节的应用显得尤为重要。

大数据技术是一个全面、精准，能迅速反映学习表现的工具，能够帮助教师根据学生的实际学习属性、学习行为和学习表现进行精准评估，提供实时反馈，以促进学生和教师的学习与教学效果优化。在这一环节，大数据技术主要通过以下几种方式实现应用。

首先，借助大数据技术，可以实现对学生行为的追踪和分析。基于对分课堂的混合式金课充分利用线上线下结合的方式进行教学，每一次学生的操作、行为、表现都可以转化为大量的数据信息，集中反映学生的学习状态。大数据分析

技术的使用，可以让教师深入理解学生的学习行为和习惯，以便作出更为精准的教学决策，发现学生的学习困难，并提供及时的教学反馈。

其次，大数据技术是实现个性化学习路径的有效工具。基于对分课堂的混合式金课的最大优势就是能够提供个性化的学习体验，通过大数据技术，教师可以针对每个学生的学习表现，构建起适合其学习特点的个性化学习路径，并根据学生的学习反馈进行灵活调整。

最后，大数据技术亦可用于构建合理的评价模型。在基于对分课堂的混合式金课的空间里，除了传统的考试分数之外，学生的讨论、互动、预习、复习以及反思等一系列行为都纳入了评价范畴。而大数据技术有助于教师全面收集、处理信息，并构建有效的评价模型，掌握学生真实、广泛的学习情况，结合终结性评估和过程性评估，进行精准、有效的评估。

当然，同样要看到，尽管大数据技术在学习评估和反馈中有着巨大的优势，但其应用仍然面临诸多挑战。如数据采集的有效性、数据处理的公正性、数据隐私的保护等问题都值得我们在实践中探索和研究。

总的来说，大数据技术在学习评估和反馈环节的应用显著地推动了基于对分课堂的混合式金课的教学优化与效果提升。不论是对学生行为的追踪和分析，个性化学习路径的构建，还是评价模型的构建，大数据技术都发挥着重要的作用。我们应充分认识大数据技术在这个环节的重要性，同时，也应深入研究和探讨如何更好地运用大数据技术，以更有效地实现教育质量的提升。

第三节 云计算技术的应用

一、云计算技术与教育的融合

在数智化背景下，基于对分课堂的混合式金课的教学模式日益引人关注，其中云计算技术尤为重要。

云计算是一种与信息技术、软件、互联网相关的新型服务模式，它具有虚拟化、动态可扩展、灵活性高、可靠性高、性价比高等特点。在教育领域，云计算技术为信息化教育提供了全新的路径和手段，推动了教育信息化的发展。

具体来说，云计算能够无边界化处理和存储教育资源，实时动态地进行教育资源的发布、检索、更新、维护，鼓励和支持教师进行个性化教学和学生自主学习。同时，云端的教育资源库能够实现资源的优化配置和公平使用，使得所有学生都能平等地享受高品质的教育资源，促进教育公平。此外，云计算技术也改变了教学的方式，如远程视频教学、在线互动教学等，都得到了广泛应用。

结合云计算技术的基于对分课堂的混合式金课，既包括传统的面对面教学，又融入了线上的远程教学。这种综合型教学模式大大提升了教学的效果和学生的学习体验，同时也充分利用了云计算技术。其主要特点可以概括为灵活性、共享性、协同性、易用性。

在灵活性方面，这种综合型教学模式可以实现时间和地点的灵活性。学生可以根据自己的时间和地点选择，灵活地进行学习；教师也可以根据实际情况，灵活地进行教学。

在共享性方面，通过云端的教育资源库，可以实现教育资源的共享，并且可以跨越地域、学校的界限，实现教育资源的公平。

在协同性方面，这种综合型教学模式可以加强教师与学生、学生与学生之间的协同互动。例如，通过在线平台，教师可以及时跟踪学生的学习情况，进行个性化的教学辅导；学生之间也可以进行协同学习，共享学习资源，改善学习效果。

在易用性方面，只要有网络，学生和教师就可以方便地访问云端的教育资源库，进行线上的学习和教学。

虽然云计算技术与教育的融合带来了许多优势，但也存在一些挑战，如数据安全、网络状况、师生数字化素养等需要进一步解决。但无可争议的是，云计算技术绝对是教育信息化的重要驱动力，并将对教育产生深远影响。

二、云计算平台的选择与配置策略

随着时代的发展，云计算技术作为一项帮助使用者降低成本、提升效率的重要工具，得到了广泛的应用。因此，在基于对分课堂的混合式金课的实施过程中，如何选择和配置适合的云计算平台成为一个关键问题。

云计算，是一种以网络为介质，通过池化方式提供可扩展的、需要时可以获取的服务。这种服务包括基础设施、平台和软件等。云计算技术在基于对分课堂的混合式金课中的应用广泛，主要体现在实现教学资源的共享、提升教学效率、建立学习环境等方面。

为了充分利用云计算的优势，学校和教师在考虑选择云计算平台时，需要先确认教学需求，包括教学内容、学习人数、教学时间等，然后综合教学需求，挑选出合适的云计算平台。目前市场上的云计算平台主要有Amazon Web Services、Google Cloud Platform以及Microsoft Azure等。

在选择了合适的云计算平台后，接下来的重要任务就是正确配置云计算平台。配置过程往往需要结合实际教学需求，包括对资源的需求、教学模式的设计、技术支持等因素，来决定如何分配云中的存储空间、计算能力以及数据的传输方式等。

对于存储空间的配置，应当考虑到资源的性质、大小及其访问频率等因素。例如，访问频率较高的资源可以放在低延时的存储空间中，而对于访问频率较低，但是要求存储空间较大的资源，可以放在高延时但是成本较低的存储空间中。

对于计算能力的配置，应当考虑到应用的并行程度、对实时性的需求等因素。例如，对实时性要求高、需要并行处理的应用，可以选择配置高性能的计算资源，而对于实时性要求较低、适合串行处理的应用，可以选择低成本的计算资源。

对于数据传输的方式，应当考虑数据的类型、传输频率及传输距离等因素，例如，需要频繁读写的数据可以选择在云存储空间中进行处理，而需要少量读写，但是需要长距离传输的数据，可以选择在用户端进行处理。

总的来说，云计算平台的选择与配置策略，要基于学校和教师的教学需求、技术支持及预算等因素来进行综合考虑。只有选择及配置好适合的云计算平台，才能充分发挥云计算在基于对分课堂的混合式金课中的优势，提高教学质量及效率。

三、云端资源的开发与管理

云端资源是指存储在云计算平台上的各种资源,这些资源可以是硬件、软件、网络、服务等。在教育领域中,云端资源也就是那些可以被教育工作者和学生在线获取的教育资源,如课程资料、在线工具、教学视频等。

在基于对分课堂的混合式金课中,云端资源发挥了重要作用。通过云端资源,教师可以灵活地设计和组织课程内容;学生也可以根据自己的需要,随时随地地获取和利用资源,实现自主学习。同时,云端资源的广泛使用,还极大地增强了课堂的互动性,提升了学习的效率。

云端资源的开发与管理是提高基于对分课堂的混合式金课教学效果的重要环节。云端资源的开发主要是指让教育资源以电子化的形式存在于云端,让其可以通过互联网被广泛地传播和共享。而管理云端资源则是对这些资源进行适当的分类、整理和有效利用,使其可以方便地被教师和学生获取和使用。

开发云端资源需采用科学、系统的方法,确保资源的质量和效果。首先,需要进行需求分析,明确希望获得的资源类型,以及预计的使用方案。然后,需要对拟开发的资源进行系统设计,确定其结构、功能、操作界面等。在开发过程中,一定要注重云端资源的技术性能以及其实用性、交互性等,使之更符合基于对分课堂的混合式金课的特点和需求。

管理云端资源主要包括三个方面:资源的存储、发布和评估。资源的存储需要设计合理的目录结构,使得资源可以方便、快捷地定位和检索。资源的发布,要注重其在各种设备,如电脑、手机等各类终端的展现效果,以及应对网络环境不同的适应能力。资源的评估主要是通过用户的反馈、使用情况等,对资源的质量、效果进行评价。

对云端资源的有效管理,不仅可以提高资源的利用效率,还能推动资源的更新和优化。分析用户的利用习惯,可以发现哪些资源更受欢迎、哪些资源存在问题,从而提出针对性的解决方案。同时,管理过程中产生的大数据,可以为教学决策提供重要的参考依据。

总的来说,在数智化背景下,云端资源的开发与管理在基于对分课堂的混合式金课中发挥了重要的作用。未来，随着云计算技术的不断进步，云端资源能够为更多的教师和学生提供更高效、便捷的教学服务。

四、云计算技术在促进师生互动与协作中的作用

在基于对分课堂的混合式金课中，我们始终追求的是提高教学效果、优化教学过程，为师生提供更加便捷、高效的教学工具。云计算技术作为现代科技的重要成果，在基于对分课堂的混合式金课中的应用新颖而且潜力无穷，它不仅能够让教学资源的获取变得容易，实现了信息的高效共享，同时还能够极大促进师生的互动与协作。这种互动与协作的实现，主要得益于云服务的优越性质。

首先，简单来说，云服务是一种将计算资源作为服务内容进行分配的新型服务方式，用户可以通过网络接入云平台，使用云平台上的计算资源和应用程序。这种方式使得云服务拥有强大的信息共享能力，让信息的获取和交流变得更加容易，因此，通过使用云服务，教学资源的共享问题可以得到有效解决，师生间信息的交互和沟通变得快捷、便利。

其次，云服务具有良好的可扩展性，可以根据用户需求几乎无限制地提供计算资源，无论是存储能力还是处理能力都非常可观。因此，无论是教师需要为课程准备大量的教学资源，还是学生需要存储大量课后作业或练习题库的需求都能轻松应对。该特性使得教师不再受限于传统课堂的教学方法和教学资源，学生也可以方便地保存自己的学习成果，进行团队协作，互相学习。

最后，云服务的柔性特性使得它在实现师生互动与协作方面，体现出了极大的优势。其一，云服务能够实现教师与学生之间的实时沟通，无论是线上课堂，还是线下课堂，都可能通过云服务实现师生之间的实时交流，方便教师对学生进行即时的引导和反馈，提高教学成效。其二，云服务可以实现学生之间的协作学习。在云平台上，学生可以方便地组建学习小组，进行团队协作，在协作过程中，彼此之间可以进行知识的分享和经验的交流，由此提升学习效果。

值得注意的是，想要利用云服务实现师生互动与协作，不仅需要教师和学生熟练掌握云服务的使用方法，同时也需要学校或其他教育机构提供支持，比如建立完善的云服务平台，提供充足的计算资源，以及进行相关的运维管理等。

总的来说，云计算技术在基于对分课堂的混合式金课中的应用，不仅使得教学资源的获取和利用变得更为便利，同时也极大地促进师生之间的互动与协作，有效提高教学成效和学习成效，为我们创造一个全新的教学环境。

五、云计算技术在学习评估与反馈中的应用

在基于对分课堂的混合式金课模式下，学习评估与反馈是考察和促进学习效果的重要环节，而应用云计算技术可以使这一环节变得更为精准和高效。云计算是一种通过网络提供统一计算服务的模式，它具有运算、数据处理、存储等计算机处理能力，可以大幅提高学习评估与反馈的效能。

首先，云计算技术有利于实现个性化的评估与反馈。学生的学习水平、知识储备、学习兴趣等都是存在差异的，因此，教师需要根据学生的个体差异提供个性化的学习评估和反馈。传统的学习评估和反馈方式无法满足这个需求，而云计算技术通过智能算法，可以对每个学生的学习数据进行深度学习和分析，从而实现对每个学生的个性化评估与反馈。

其次，云计算技术利于形成实时评估与反馈。传统的学习评估与反馈系统需要在学习完一段时间后，通过考试、写作业等方式进行评估，然后再进行反馈，这种方式反馈的时效性不强。而利用云计算技术，可以实现对学生的学习情况进行实时评估和反馈，教师可以及时了解学生的学习情况，发现学生的学习问题，并及时进行干预，从而提高教学成效。

再次，云计算技术可以实现大数据分析。学生的学习数据是非常多的，包括学习时间、学习进度、学习行为、考试成绩等，传统的手工处理方式无法胜任这样大量的数据处理任务。而云计算技术具有强大的数据处理能力，可以实现对学生学习数据的高效分析，并根据分析结果进行精准评估和反馈，帮助教师更好地管理和指导学生。

最后，云计算有助于构建开放的评估与反馈环境。传统的评估与反馈方式较为封闭，学生的评估数据主要由教师保存和分析，学生和家长对此了解有限。而云计算技术可以实现数据的云端共享，教师、学生和家长都可以随时查看学生的学习数据和评估反馈结果，这种开放的环境有利于提高教学的透明度，促进家校

合作，提高教学成效。

总之，云计算技术在评估与反馈系统中的应用，可以使基于对分课堂的混合式金课评估与反馈环节的效率和精确度得到大幅提升，为教师和学生提供更好的教学服务。然而，云计算技术的应用也需要面临数据安全、隐私保护等问题，因此，必须在保障用户权益的同时，合理利用云计算技术，以实现基于对分课堂的混合式金课的优质发展。

六、云计算技术带来的挑战及解决方案

云计算技术在基于对分课堂的混合式金课中的应用为其带来了极大的便利，也带来了一些挑战。主要的挑战可以归结为以下几点。

第一，数据安全问题。尽管云计算技术为我们提供了便利，但是它的分布式特性也为数据安全带来了威胁。当我们把数据放在云端时，意味着我们把对数据的控制权交给了第三方。这就需要我们寻找合适的安全解决方案，包括数据加密、数据备份等措施。

第二，网络稳定性。由于云端服务的使用需要依赖于网络，所以当网络不稳定或是遭受攻击时，便会影响到服务的正常提供。这就需要我们考虑如何保证网络的稳定性，如增加网络资源、优化网络架构等。

第三，计算资源的管理和分配。由于教育资源在云端的使用涉及大量的计算和存储需求，所以如何有效地管理和分配计算资源，使之既能满足大量用户的需求，又能避免资源的浪费，成了一个重要的问题。

面对这些挑战，可以考虑以下几种解决方案。

对于数据安全问题，首先可以采取数据加密的方式，保证数据在传输和存储过程中的安全性。同时，也可以定期对数据进行备份，以防丢失。此外，选择一家信誉良好且服务稳定的云服务提供商也能够大大降低安全风险。

在网络稳定性方面，可以尝试搭建一个稳定的网络环境，比如建立备用网络系统，保证在网络出现问题时，能够自动切换到备用网络。同时，优化网络结构，采用高速宽带服务也能够提高网络稳定性。

在计算资源的管理和分配方面，一种方式是采用资源虚拟化技术，将物理

资源抽象化，从而更加灵活地分配计算资源；另一种方式是使用服务等级协议（Service Level Agreement，SLA），将用户的需求和服务提供商的资源进行匹配，以优化资源分配。

总的来说，云计算技术在基于对分课堂的混合式金课中的应用为其带来了便利，也带来了一些挑战。但是，只要我们采取合理的解决方案，就完全可以克服这些挑战，充分利用云计算技术的优势，为基于对分课堂的混合式金课的开展提供强大的技术支持。

第四节　物联网技术的应用

一、物联网技术简介

物联网，即Internet of Things，简写为IoT，其基本含义是通过各种信息传感设备将任何可以进行自主功能运行和网络交互操作的普通物理对象，通过无线和有线的方式连接起来，以实现智能化识别、定位、跟踪、监控和管理。物联网技术具有多样化的感知能力、广度和深度无线通信能力、动态自组网能力、分布式系统和计算能力、实时动态控制能力、大数据处理能力、智能化应用和服务能力。

在基于对分课堂的混合式金课课堂中，物联网技术主要应用在提供实时、动态、跨时跨地的多方位深度交互机会，如智能签到系统、学习资料的电子化、数字化管理与分发、自动化的学习行为分析和反馈等方面。物联网技术能提供的丰富数据和精确数据，有利于教师更好地理解和把握学生的学习状态，从而进行精细化的教学设计。

一方面，物联网可以通过各种传感器采集实体世界的信息并传输到网络世界。例如在在线课堂里，可以通过收集学生的少量口头或书面反馈来了解他们的学习情况，这些信息可以反映学生的学习积极性、理解程度和注意力等方面，如此，教师不仅可以实时了解学生的学习状况，还可以打破地域和时间的限制，进行个别化的教学反馈，提高课堂教学的效果。

另一方面，通过物联网技术，碎片化的学习信息可以被集中处理和呈现，教师甚至可以通过系统来对学习情况进行数据分析，进一步发现学生的学习兴趣、学习风格，指导其个性化地学习。

物联网技术在基于对分课堂的混合式金课中的前景和挑战是显而易见的。在前景方面，主要在于物联网技术的普及和成熟将进一步推进基于对分课堂的混合式金课模式的实施，帮助提高教学的效果和效率。在挑战方面，如何有效利用物联网技术收集的数据，如何更好地保护学生的隐私和数据安全，如何更好地将物联网技术与教学内容和方法相结合进行教学创新等问题，都需要教育工作者和技术开发者进行深入探索和研究。

二、物联网技术在教学中的应用

近年来，物联网技术在教学领域的应用已经产生了深远的影响，它将教育和信息化技术紧密连接起来，为教学模式带来了变革，为提升教学质量和效率提供了更广阔的空间。

首先，物联网技术使得教学更具智能化和个性化。传统的教学方法，通常是一个教师面对一群学生，教师的教学方式、计划和速度往往忽略了学生的接受能力和个人兴趣差异。而在物联网技术的帮助下，教师可以更好地满足每个学生的不同学习需求。例如，人工智能教育机器人、个人手持智能终端等设备可以根据每个学生的学习特点和情况，提出个性化的学习计划，这无疑提升了学生的学习兴趣和效率。

其次，物联网技术在教学管理中的应用也日益成熟。通过物联网设备，教师可以更方便地监管学生的考勤、学习进度和学习成果，大大减轻了学校和教师的管理负担。同时，家长也可以通过物联网设备实时了解孩子在学校的学习和生活情况，这为家校共育创造了条件。

最后，物联网技术在开展远程教学、虚拟实验等方面也发挥了重要作用。比如，通过物联网技术，教师和学生可以实现随时随地的教学和学习，突破传统的时间和空间限制。同时，物联网技术还可以让学生在安全的环境下虚拟完成一些危险或高难度的实验，提升实践能力。

然而，尽管物联网技术在教学方面有诸多明显的优点，但其应用现状并不乐观。尤其是在一些相对偏远地区和学校，由于基础设施不够完善，学生接触物联网的机会少，使用技术学习的意识和能力不强，使得物联网技术的普及和使用受到限制。而对于城市地区，虽然物联网设备相对较多，但由于教师对物联网技术的理解和掌握程度不一，使得物联网技术的应用效果大打折扣。

未来，物联网技术在教学中的应用将会进一步深化和拓宽。需要通过政策引导和技术研发，逐步解决物联网技术在教学中的应用问题，提高教师的信息技术素养，加大基础设施建设，提升学校的信息化水平，实现物联网技术在教学中的全面应用，为我国教育的发展贡献力量。

三、物联网技术与基于对分课堂的混合式金课的融合

随着新技术的不断发展和进步，我们生活中的物联网技术也在不断深化。同时，当代的数字化转型中，信息技术已渗透到教育的各个角落，为基于对分课堂的混合式金课的发展提供了新的可能。因此，亟须探讨物联网技术与基于对分课堂的混合式金课的融合策略，以应对时代的挑战和变化。

首先，物联网技术能为基于对分课堂的混合式金课带来一系列优势。物联网技术可以实现在基于对分课堂的混合式金课环境下，更高效、更准确的信息传递和数据收集。例如，通过物联网技术，可以实时获取学生学习数据、行为数据等，并通过数据分析为教师提供反馈，帮助他们优化教学策略和改进教学方法。

其次，物联网可以提供丰富、多样的学习资源并改进学习环境，将传统的教育模式转变为动态的、可以自我调整的、个性化的基于对分课堂的混合式金课。如无人机、虚拟现实、增强现实等技术，能将教学活动更好地与现实世界结合在一起，提供更为丰富和活跃的学习场景。

最后，物联网可以放大基于对分课堂的混合式金课的规模，使其涵盖更多的学生，实现更广泛的混合化。利用物联网技术，可以打破地域和时间限制，将基于对分课堂的混合式金课扩展到全球，不仅可以为学生提供同步课堂，也可以为

他们提供异步自主学习的可能。

那么，如何实现物联网技术与基于对分课堂的混合式金课的融合呢？有以下几个策略值得考虑。

首先，需要建立强大的技术基地和硬件平台。没有足够的设备和基础建设，物联网技术与基于对分课堂的混合式金课的融合将无法取得成效。同时，也要研发和引进一些新的、具有创新意识的教学应用程序和工具，并进行持续的更新和调整。

其次，要注重人才培养。不论是教师还是学生，都需要对物联网技术和基于对分课堂的混合式金课有一定的理解和技能，这样他们才能更好地融入这一新的教学模式。应该进行定期的培训和技能提升，同时引导学生独立研究学习，培养他们处理复杂任务的能力。

最后，需要加强政策的支持和完善。政府应发展一些重大政策来推动物联网技术与基于对分课堂的混合式金课的融合，这样可以为这一新型教育模式创造更多的发展空间。

物联网技术与基于对分课堂的混合式金课的融合，是教育发展的最新趋势，也是未来的方向。尽管前路还有很多挑战，但只要我们不断努力、把握机遇，就能为教育创造新的辉煌。

四、物联网技术带来的挑战与解决方案

随着物联网技术在各个领域的广泛应用，其在教育行业中的潜力也被越来越多的教育工作者所认识，但物联网技术在教育中应用的过程也遇到了一些挑战。

在数智化背景下，物联网技术在基于对分课堂的混合式金课中展现出来的潜力主要包括实时性、互动性和自适应性。首先，物联网技术的实时性可以使教师获取关于学生学习状态的实时反馈，有助于教师调整教学方法和进度，使教学更有针对性。其次，物联网技术的互动性可以提升课堂的活跃度，提高学生的参与度，使学生在互动中提升学习效果。最后，物联网技术的自适应性可以个性化地满足每位学生的学习需求，提升学生的学习质量。

物联网技术在教育中的应用遇到的挑战主要体现在以下几点。首先，物联网

设备及应用的高昂成本对许多教育机构来说是一大难题。其次,物联网数据的安全问题也不容忽视,一旦数据被恶意侵入,可能会对学生产生隐私泄露等严重负面影响。最后,多项研究表明,过度依赖物联网设备进行教学可能会削弱学生面对面交流的能力,影响其生存技能的培养。

对于以上挑战,也有一些解决方案。对于成本问题,政府部门和教育机构可以积极筹措资金,推广并普及教育物联网设备和应用。关于数据安全问题,必须采取强有力的技术和管理手段,遵守严格的数据保护法规,以保护学生的隐私权不受侵犯。对于过度依赖物联网设备的问题,教育工作者应当恰当地调整教学方法,使线上和线下的教学形式与内容达到有效的融合。

总的来说,物联网技术在基于对分课堂的混合式金课中有着巨大的潜力,但也存在一些限制和挑战。在应用物联网技术时,需要充分发挥其优势,同时克服其局限性,才能更好地利用物联网技术推动教育的进步与发展。

第四章
数智化背景下基于对分课堂的混合式金课的教学模式与方法

第一节 基于对分课堂的混合式金课的常用教学模式

一、翻转课堂模式

翻转课堂，又称颠倒课堂，最早源于美国两位化学教师的一次尝试，其核心理念是在课堂上进行指导，而不是直接传输知识内容。在这种模式下，学生在课下通过观看视频课程等工具自学内容，而在课堂上，教师则更多地采用一种特异化、参与化的教学方式。这种模式改变了传统的教师授课、学生听课的模式，也使得学生活动时间的比例显著提高，成为一种备受关注的教育创新模式。

在基于对分课堂的混合式金课中，翻转课堂模式应用得非常广泛，通过这种模式实现了教育的个性化，让学生在掌握标准化知识的同时，也能发展自我，实现自主学习，这也是当今教育革新的主题之一。

在实施翻转课堂模式时，首先，教师在课前提供具备学习价值的视频或者其他形式的数字化学习材料，让学生在课前自主学习，了解基本知识和概念，带着问题和疑问来上课。然后，在课堂上，老师使用多种教学方式，如课堂讨论、小组合作学习、案例分析等，带领学生深入探索和理解已经学习过的知识点。最后，学生在课后复习巩固，进行适当的延伸学习。

在翻转课堂模式下，教师的角色发生了很大的变化，他们不再是单纯的知识传授者，而更像是一位指导者和协调者，他们的任务是激发学生的学习兴趣，帮助他们构建学习策略，指导他们分析和解决问题。学生的角色也有所改变，他们变得更为主动和自主，课堂时间更多地用来做深度学习，理解和掌握知识，而不再是简单地接受知识的注入。

翻转课堂模式在基于对分课堂的混合式金课中的应用具有很大的优势。首先，翻转课堂充分利用了课前和课后的时间，使学生有更多的时间去深入理解和掌握知识点。同时，翻转课堂让学生在课堂上互动的机会更多，使他们在理解知识的同时，还能提升自身的社交能力和团队协作能力。再者，翻转课堂还有助于提升学生的自主学习和自我管理能力，培养他们的创新思维和批判性思考。

要想成功实施翻转课堂，教师需要掌握翻转课堂的设计方法和策略，如如何设计和制作高质量的课前学习资源，如何设计有效的课堂活动，以及如何进行有效的评价等。同时，学生也需要培养良好的学习习惯和自我管理能力。

总的来说，翻转课堂模式为基于对分课堂的混合式金课提供了一种新的教学方式，使得课堂教学变得更有效，也更注重学生的全面发展。

二、案例教学模式

在基于对分课堂的混合式金课中，案例教学模式无疑是一种十分有效的教学模式。这种教学方式注重实际问题的解决，强调学生参与，是一种以学生为中心的教学模式。所谓案例教学模式，就是教师将实际生活中的问题和情况转化为教学案例，让学生通过解决具体问题来掌握相关知识和技能。

案例教学模式的优点非常明显。首先，它能够提升学生的实践能力和解决问题的能力。通过案例教学，学生可以将理论知识应用到实际问题的解决中，从而提高自己分析问题、解决问题的能力。其次，它可以提高学生的学习兴趣。对于零基础的学生而言，单纯的理论教学可能无法吸引他们的兴趣，而通过案例教学，让学生在解决实际问题中学习，更能激发他们的学习兴趣。最后，它能让学生在解决问题的过程中，培养出良好的团队协作能力和沟通能力。后两点对于学生日后的学习和工作都十分重要。

然而，案例教学模式并不是任何时候都适用。在许多情况下，教师需要根据学生的实际情况，结合教学目标和教学内容，选择合适的教学模式。而在选择教学模式时，一定要把握好学生的接受能力，不能采取"一刀切"的方式。

在实施案例教学模式时，教师需注意以下几点。首先，教师要有精心设计的教学案例，这些案例要能引发学生的思考，触发他们的学习欲望。其次，对于问题的提出要明确，让学生明白他们要解决的问题是什么。再次，教师要引导学生分析和解决问题，而不能替学生解决问题，让学生在解决问题的过程中体验学习的喜悦。最后，教师要及时对学生的学习过程进行反馈，使学生了解自己的不足和改进方式，从中得到成长。

总的来说，案例教学模式是一种非常有实效性的教学模式，能够有效提高学生的学习兴趣和实践能力，对于基于对分课堂的混合式金课有着重要的意义。

三、项目导向学习模式

项目导向学习模式可以归结为一种以解决实际问题为导向，将知识、技能和态度与理论联系实际相结合的教学模式。在基于对分课堂的混合式金课中，项目导向学习模式具有让学生在实际操作中解决问题并学习和深化理解理论知识，同时发展独立研究、解决问题、协同合作等实际能力的潜力。

首先，项目导向学习模式对于增强教学活动的情境性具有重要作用。在这种模式下，教学不再是教师在讲台上讲解理论，学生在下面听课记笔记，而是教师和学生共同参与某个实际项目的过程。如此一来，学生在参与项目的过程中，会自然而然地遇到需要的问题，会自然而然地思考要用到的理论知识和实践方法，也会自然而然地采取协商、实验、研究等方式寻找问题的答案。教学的情境性会增强学生的代入感，提高学生学习的主动性，增强他们的学习动力。

其次，项目导向学习模式有利于培养学生的实际操作能力和协同合作能力。在实际项目过程中，学生需要结合理论知识，进行操作实践，学习解决实际问题的动手能力。而当实际项目是一个团队项目时，更可以培养学生的协同合作能力，帮助学生学习在团队中分工合作，共同解决问题。

然而，项目导向学习模式在教学实践中也存在一些问题。一是由于教学任务的繁重，教师可能无法在每个学生或者每个团队的实际项目过程中，都给予及时的提示和帮助。二是由于学生的实际操作能力的不同，可能会导致团队项目的进展不均衡，进而影响到一部分学生的学习进度。三是由于项目的实施需要一定的实验设备、实际场地等条件，学校可能无法提供充足的实践资源，影响项目导向学习模式的实施效果。

在应用项目导向学习模式时，教师应该注重指导学生学习寻找问题、提出问题、解决问题的方法，帮助学生建立独立研究的习惯；同时，应该注重培养学生的团队协作精神和沟通协调能力，让学生在实际操作和团队协作中，真正实现知识的转化和能力的发展。

项目导向学习模式在基于对分课堂的混合式金课的教学中尤为重要，因为它强调实践、关注实际问题，有助于学生将数字化、网络化的学习资源转化为自己的知识和能力，真正实现了数智化背景下基于对分课堂的混合式金课研究的初衷，也为广大的教育工作者提供了前沿、创新的教学方法。因此，我们应当以更务实的步伐，致力于项目导向学习模式在基于对分课堂的混合式金课的推广和应用。

四、协作学习模式

在基于对分课堂的混合式金课的常用教学模式中，协作学习模式是一种重要的模式，其应用也是具体实施中不可忽视的一个环节。所谓协作学习，简单地说，就是把学生组织成小组，每个小组的学生共享任务，通过团队合作完成学习任务。其中涉及分工合作、团队交流、共享资源等重要内容与环节，是推动当代教育创新、提高教育质量的一种有效方式。

协作学习模式是以学生的学习为中心，教师扮演引导者和监督者的角色。该模式强调学生成为探究的主体，通过团队合作、交流互动，共享学习资源和成果，不仅可以提高学生的学习兴趣，也有助于培养学生的团队协作能力和问题解决能力。在基于对分课堂的混合式金课中，协作学习模式有着广泛的应用前景。因为基于对分课堂的混合式金课将线上与线下的教学环节有机结合，这给协作学习提供了新的更大的平台和空间。

协作学习模式主要有以下优点。首先，协作学习突破了传统教学的束缚，能够满足学生个体的需求，同时促进集体的进步。这一点在基于对分课堂的混合式金课的设置中可以得到很好的体现。学生可以按照自己的学习节奏和掌握程度进行学习，同时通过协作和分享，提高团队的整体素质。其次，协作学习在提升知识技能的同时，也有助于提高团队协作精神。在协作学习的过程中，学生需要共享资源、解决问题，这就需要学生具备良好的团队协作精神和沟通交流能力。最后，当前的数智化背景下，通过网络合作、线上讨论等形式进行，可以极大地提升学生的综合素质。

然而，协作学习模式的实践应用也存在一些挑战和问题。例如，如何确保每个学生在小组中都能得到发展和提升，如何平衡小组内部的学生差异，如何防止"搭便车"现象等。为了解决这些问题，教师需要在设计基于对分课堂的混合式金课时，充分考虑协作学习模式的实施策略。例如，设置固定的学习小组，为每个小组制订学习计划和目标；明确每个学生的分工和责任，确保小组任务的公平和合理；建立评价机制和激励机制，以促进协作学习的有效进行。

协作学习模式是基于对分课堂的混合式金课的重要教学模式之一，有着丰富的内涵和广阔的应用空间。面对越来越丰富和多元的教学模式，我们应该充分认识和理解协作学习的重要性与价值，探索更加符合时代发展和学生需求的教学模式，以促进教育的质量和效果。

五、游戏化学习模式

游戏化学习模式作为一种新兴的教学模式，在基于对分课堂的混合式金课中的应用得到了广泛的关注和研究。游戏化学习模式将游戏元素和学习内容进行有机融合，以激发学生的学习兴趣和积极性，提升学生的学习效果。

首先，我们要了解什么是游戏化学习模式。游戏化学习是指将设计游戏的精髓元素和游戏机制应用于非游戏环境中，特别是教育与学习的领域，并采用激励、挑战、竞技、社交等手段吸引和激励学习者积极参与学习并主动探索问题。对于基于对分课堂的混合式金课来说，游戏化学习模式为面对面教学与远程在线学习提供了理想的桥梁，实现了理论的在线授课与实践应用的探索式学习的有机结合。

在游戏化学习模式中，设计者常用的元素和机制包括积分、徽章、排行榜、愿景、故事线、任务、挑战、协作、竞争等。这些是游戏化学习模式的核心组成部分，构成了游戏化学习模式的基本框架，可以有效地引导和激发学习者的学习行为。

接下来，让我们探讨一下游戏化学习模式在基于对分课堂的混合式金课中如何进行应用。首先，教师可以设置一系列的"关卡"或者"任务"，每个"关卡"或"任务"都对应一段学习内容，学生需要通过学习这段内容并完成相应的学习任务才能解锁下一个"关卡"或"任务"。需要明确的是，每一关的设定都应当因材施教，适应学生的学习进度和知识掌握程度。

其次，教师可以利用游戏的竞争机制，通过设置排行榜或赛事等竞争环节，激发学生的竞争意识和学习积极性。例如，可以设置学习积分排行榜，按照学生的学习成绩或者完成任务的速度和质量进行排名，让学生在学习过程中感受到成功的喜悦和成就感。

最后，可以利用游戏的协作机制，鼓励和引导学生进行集体学习和合作解决问题。例如，可以设置需团队协作完成的项目或者任务，让学生在合作过程中提高解决问题的能力，灵活运用所学知识，并在实际操作中深化对理论知识的理解和掌握。

同时，面对游戏化学习模式的应用，教师不仅要作为知识的传授者，更重要的是要成为学生的引导者和陪伴者，引导他们适应游戏化学习的环境，帮助他们解决学习中遇到的问题。

虽然游戏化学习模式在基于对分课堂的混合式金课中表现出了较好的教学效果，但同时我们也需要注意，不同的学生对游戏化学习的接受程度和反应可能存在差异，因此在实际应用中需要灵活运用、因材施教，以充分发挥游戏化学习模式的优势。

游戏化学习模式为基于对分课堂的混合式金课的教学提供了新的可能性，具有极大的实践价值和研究价值。

六、自主学习模式

在基于对分课堂的混合式金课的教学模式中，自主学习模式有着不可或缺的地位。自主学习模式，是指学生在教师的指导下，通过自我控制、自我管理的方式，逐步掌握知识和技能，进而形成创新能力和综合素质。"自主"是学生学习的目的和结果，学生在主动思考、主动探索中体验知识，实现与知识的主动对话。

在基于对分课堂的混合式金课环境下，自主学习模式更具有开放性和互动性。开放性体现在学生可以在网络平台上自主选择学习方式和步骤，互动性体现在学生可以通过网络平台与教师、与其同学进行即时的交流和分享。这种模式提供了学生深入理解课程内容的机会，同时也有利于提高学生的思考和反思能力。

那么，如何在基于对分课堂的混合式金课中实现有效的自主学习模式呢？我们可以从以下几个方面进行探讨。

首先，设置合理的学习任务。教师可以根据学生的学习需求和课程目标，为学生制定具体的学习任务。这些任务需要包含一定的挑战性，以激发学生的学习兴趣和动力。同时，学习任务应当具有一定的灵活性，使学生可以根据自身的情况调整学习策略和进度。

其次，提供丰富的学习资源。在基于对分课堂的混合式金课中，教师可以通过网络平台为学生提供各类学习资源，包括教学视频、电子课本、讨论论坛等。这些资源可以不受时间和地点的限制，使学生可以随时随地进行自主学习。

再次，建立有效的评价机制。评价是促进学生自主学习的重要手段。在基于对分课堂的混合式金课中，教师应建立公正、公开、公平的评价机制，及时反馈学生的学习成果，促使学生进行自我评价和反思。

最后，鼓励学生的交流与分享。学习不仅是个人的行为，也是社会的行为。教师可以利用网络平台，鼓励学生之间的交流和分享，使个体学习变成群体学习，从而提升学习的效果。

可以说，基于对分课堂的混合式金课中的自主学习模式是一种开放、流动、共享的模式。学生在获取知识、掌握技能的同时，还可以提高自我管理的能力、思考问题的能力，形成独立的、具有创新意识的价值观。自主学习模式是教育信息化之路的重要布局，能为教育注入新的生命力和无限可能。正视其重要性，并将其融入教育实践，必能推动教育质量的提升，更好地为学生的发展做好服务。

第二节　线上教学与线下教学相结合的教学方法

一、网络学习平台的选择与应用

在基于对分课堂的混合式金课的实施过程中，线上网络学习平台的选择与应用是关键的环节。选择合适的网络学习平台及其正确的应用方式，可以大幅提升线上教学的效果，实现线上教学与线下教学的有效结合。

首先来谈谈什么是网络学习平台。网络学习平台是借助信息通信技术，以学生为中心，改变了传统教师一对多的教学模式，将教学活动开展在网上，并提供课件、讨论、测试、作业、互动、社区、资讯、管理等多种学习资源的网络平台。学生通过网络学习平台可以在任何地点、任何时间进行自主学习，大大拓宽了教学活动的空间，提高了教学效果。

选择网络学习平台，既要看其基本功能，如上传、下载课件，实现在线讨论，自动批改作业等；也要看其附加功能，如语音、文字聊天，实时在线问答，视频教学等。此外，还要考虑到平台的易用性、稳定性、安全性。

那么，如何在基于对分课堂的混合式金课中应用网络学习平台呢？一般而言，第一种策略是"线上线下交错"。这种策略是指在同一学期内，那些侧重于基础知识讲解的课程首先在网络学习平台上进行，然后在后面的线下教学中，讲解案例、进行讨论、解答疑问。第二种策略是"线上线下融合"，要求教师在课堂教学时同步使用网络学习平台，针对课堂上出现的问题，学生可在平台上提问，教师也可在平台上回答，尤其是在大型课堂中，这种方式提高了教学效率。

然而，也要看到网络学习平台的局限性。一方面，网络学习平台无法替代线下教学中的直观性、互动性强的优点；另一方面，网络学习平台的运行需要稳定的网络环境，这在一些地区或者家庭中是个问题。

因此，在选择网络学习平台时，要全面考虑其功能、稳定性、安全性、易用性等因素，并灵活采取"线上线下交错"或"线上线下融合"等策略进行应用，同时也要注意到网络学习平台的局限性，并做出相应的应对措施。只有这样，网络学习平台才能在基于对分课堂的混合式金课中发挥出最大的效益，实现线上教学与线下教学的有效结合。

二、线下教学的策略优化

在教育的过程中，线下教学即面对面教学中的各种复杂情况的处理和人际交往的丰富性为我们的教学活动开辟了宽广的视野。然而，进入21世纪后，这样的模式也需要根据客观环境的变化进行相应的调整和优化。

首先，要重新定位线下教学所扮演的角色。在基于对分课堂的混合式教学模式中，线下教学与线上教学并不是孤立存在的，它们需要在互补基础上实现密切融合。这就需要我们将线下教学定位为辅助线上学习，提升学生主动学习效果的重要环节。也就是说，线下教学要从单纯传播知识，向有效激发学生学习兴趣，引导学生将线上学习的知识应用于实际，丰富学生的应用实践能力的发展方向转变。

其次，要对线下教学的教学形式进行创新。在过往的教学中，比较常见的形式是全班教学。然而在基于对分课堂的混合式金课的教学模式中，我们更看重的是对个体差异的尊重和照顾，因此小组教学和个别教学更有优势。这种教学形式可以保障学生有充分的时间和机会进行深度学习，同时，也更容易激发学生的学习兴趣和主动性，提升学习效果。

再次，要注重对线下教学的内容进行优化。基于对分课堂的混合式金课的教学模式更重视学生主动式学习，因此我们需要尽可能多地将主动学习的要素融入线下教学中。比如在讲解课堂内容时，我们可以设计互动性强，能够鼓励学生主动思考的小组讨论，或者演示实验等学习活动，而不仅仅停留在讲解知识的阶段。

又次，在执行上述策略的同时，反馈评价也是提升线下教学效果的重要途径。线下教学时，教师应实时收集学生的反馈信息，对其进行及时的评价和指导，激发学生的学习动力，为其提供有效的学习帮扶，培养其自主学习的能力。

最后，需要强调的是，线下教学的策略优化需要建立在良好的教学环境中。在提高教学质量、优化教学策略的同时，也需要注意提升教学环境的舒适度。教师的态度、教学环境的安全性等因素，都能影响学生对于线下教学的态度和最终的学习效果。

总的来说，线下教学的策略优化是基于对分课堂的混合式金课的教学模式进步的一种重要途径。在进行策略优化的进程中，我们需要注重线下教学所扮演的角色的重新定位，进行教学形式的创新和内容的优化，并且在建立良好教学环境的基础上进行反馈评价。只有这样，我们才能真正实现线下教学策略的优化，使其与线上教学有效结合，提升基于对分课堂的混合式金课教学的有效性。同时，线下教学策略的优化不仅对师生的教学活动有着重要的指导作用，对于推动整个教育行业的基于对分课堂的混合式金课的教学模式的积极探索和实践，也有着不可忽视的促进作用。

三、互动式学习环境的构建

首先，需要明确互动式学习环境的含义。互动式学习环境是包含教师、学生、学习资源以及学习社区的动态的、开放的系统。在这个环境中，学生不再是被动的接受者，而是主动的参与者，他们可以与教师、与其他学生以及与学习资源进行互动，并通过这种互动，改善他们的学习效果。

那么，如何构建一个有效的互动式学习环境呢？首先，需要明确的是，互动式学习环境并不仅仅是在技术层面上的一种实现，更重要的是，它需要在教学理念、教学设计、教学方法等各个方面进行深入的融合和实践。在技术层面上，需要利用先进的信息技术，如互联网、移动设备、大数据技术等，以支持教学活动的开展。其次，在教学理念上，需要强调学生的主体性，鼓励他们主动参与到学习活动中，并充分发挥他们的创造性。再次，在教学设计上，需要注重案例分析、问题解决、协作研究等方法，以创设丰富多彩的学习场景。最后，在教学方法上，需要开展个性化的教学，以满足不同学生的需求。

在构建互动式学习环境时，需要注意多元化的学习资源的使用。在网络环境下，信息的获取渠道越来越广泛，多媒体、图书、期刊、视频、音频、游戏等多种形式的学习资源越来越丰富。需要充分利用这些资源，来丰富学生的学习体验，并帮助他们深入理解知识。

此外，教师在构建互动式学习环境时，还需要注重学生的学习动机、学习习惯、学习方式等个体差异。要通过各种手段激发学生的学习兴趣，鼓励他们进行自我调控的学习，发展他们的自主学习能力。例如，教师可以设计一些有挑战性的学习任务，让学生在解决问题的过程中享受到学习的乐趣；可以通过与学生进行一对一的交流，了解他们的学习需求，在教学设计中充分考虑到他们的需求，以提高他们的学习积极性。

总的来说，构建一个互动式学习环境需要教师具备较高的专业素养和教学技能，同时，还需要全体学生积极参与，共同创建一个富有活力、充满挑战、适应个体差异的学习空间。这种学习环境无疑会大大提高教学成效，推动基于对分课堂的混合式金课教学在数智化背景下的持续发展。

四、课内外学习资源的整合

在数智化背景下基于对分课堂的混合式金课研究中，课内外学习资源的整合是一个相当重要的环节，它也是线上教学与线下教学有效结合的关键所在。在基于对分课堂的混合式金课中，教师不仅需要向学生传授知识，还需要教给他们如何在线上教学与线下教学之间进行有效切换，如何整合利用这两种不同的学习资源，以达到最优的学习效果。

整合课内外学习资源必然要明确这些资源包括哪些。一般而言，线下教学的课内外学习资源通常指的是教材、相关图书、实践操作和实地考察等；线上学习资源则包括在线课程、数字化编程教学资源、虚拟实验室、模拟软件等。这些学习资源丰富多元，涵盖了理论学习与实践训练的双重内容。

教师可以通过线上线下的结合，培养学生独立思考和解决问题的能力。例如，教师可以引导学生在线下教学中，侧重理论知识的掌握和对整体模型的理解；而在线上教学中，注重对理论知识的应用和对个别重点、难点问题的深入研究。通过这样的组合，学生可以得到理论与实践的全面训练。

　　课内外学习资源的整合，还需要考虑学习的实效性和有效性。这就需要教师在实际教学过程中，根据学生的学习能力、学习风格和学习需求，个性化地选择和整合教学资源。例如，对于那些概念理解比较深刻，但在具体操作方面存在困难的学生，教师可以通过提供视频教程、模拟实验等线上资源，帮助他们通过实际操作来加深对知识点的理解；而对于那些理论知识掌握不牢固，需要重点补充理论基础的学生，则可以加强线上的知识讲解和问题解析，帮助他们建立扎实的理论基础。

　　在数智化背景下，进行课内外学习资源的整合，不仅是一种不可缺少的技术需求，也是一种教育理念和方法的变革。教师需要全面理解各种学习资源的优缺点，并且以学生为中心，不断调整和优化教学策略，以努力将这两种教学环境进行有效的整合，创造出富有成效的混合式教学模式。

　　在实际操作中，需要听取学生的意见，了解他们对各种学习资源的需求和喜好，针对他们的特点进行整合。而整合过程本身也是不断优化和调整的过程，需要教师不断地实践验证和反馈调整。

　　总的来说，课内外学习资源的整合不仅需要教师精心设计和实施，同时还需要学生的主动参与和合作。在这个过程中，不仅能优化学习资源、提高学习效率，也能培养学生的批判性思考能力和自主学习能力。

第三节　以学生为中心的教学方法

一、以学生为中心的教学方法的理论基础

　　以学生为中心的教学方法的理论基础源自教育家约翰·杜威的"学习由做中来"的实用主义教育思想。他提出，个体的学习并非单纯的知识吸收过程，而是在实践活动中形成和发展的。教师应注重学生的实践经验，以学生的需求和兴趣为出发点，为他们提供真实、有意义的学习情境，使他们在实践中获得知识与技

能,实现真正意义上的学习。

杜威的理论体现出教育过程的人文性,这与卡尔·罗杰斯的"以人为本"的理论相契合。罗杰斯认为,学习应被看作一种自我探索的过程。教师应当采取非判断性态度、真诚之感和想象力,诱发学生内在的积极性,使其成为学习的主导者。这种理念以学生为中心,鼓励个性和自我发展,追求主动的、自我驱动的学习,可以深入推动基于对分课堂的混合式金课中的教学方法改革。

瑞吉欧·埃米利亚教育的"上百种语言"理念也是以学生为中心的教学方法的理论基础之一。这当然并非指字面上的一百种语言,而是指认识和交流的一百个可能性。这一理论强调儿童能够用各种方法来表达和理解世界。这种观念强调了学生作为主体的地位,促使我们能够充分地注重和发挥学生的主观能动性,创造性地进行基于对分课堂的混合式金课的教学。

依照阿尔伯特·班杜拉的社会认知学习理论,人的行为、认知以及环境是相互作用的,会在此过程中逐渐塑造并且改变个体。在基于对分课堂的混合式金课中,教师可以将此理论用于创造一个合适的学习环境,通过建立积极的学习氛围,强化学生的学习动机,促进他们在学习中更好地发挥自我能动性。

以上几种理论为我们提供了深入理解以学生为中心的教学方法的框架。它使我们明白教育不只是知识的传递,更是学生个体成长的过程。在基于对分课堂的混合式金课中应用以学生为中心的教学方法,意味着教师和学生要共同构造学习过程,以学生的需求和兴趣为导向,引导他们成为自主学习者。同时也要牢记,每一个学生都是特殊的、独一无二的,对其进行独特的教学策略才是恰当的。激活学生的主观能动性,使他们积极参与到学习过程中,这正是以学生为中心的教学方法的实质。

在基于对分课堂的混合式金课的教学过程中,我们要全面理解并应用以学生为中心的教学方法的理论基础,进行教育教学的实践创新,期待不仅能让学生掌握所学知识,更能培养他们独立思考、主动学习的能力,推动他们的全面发展。

二、学生自主学习的策略与工具

在基于对分课堂的混合式金课的模式下,以学生为中心的教学方法发挥着至关重要的作用,而实施这一方法的核心则是培养学生自主学习的能力。在此背景下，学生自主学习的策略与工具成为教育工作者和研究者的关注焦点。那么，这些策略和工具是什么呢？又该如何利用它们来提升基于对分课堂的混合式金课的教学效果？我们将从以下几个方面进行阐述。

首先需要明确自主学习是什么。自主学习，又称自我指导学习，是指学生不依赖他人，而是根据自己的学习需要，通过自我控制和自我调节的方式，进行信息的获取、理解，理论建构、应用和反思的过程。自主学习的策略有多种，如明确定义学习目标、设计切实可行的学习计划、自我监控学习过程和结果，以及定期进行自我反馈和评价。

实践中，学生自主学习的策略与工具的选择和运用应根据学生的具体情况来定。这些因素包括学生的学习需求、学习风格、学习阶段、知识和技能水平等。例如，对于需要大量记忆和理解的科目，可以采用闪卡等工具辅助记忆；而对于需要高层次认知才能掌握的科目，如创新性思维和批判性思维的训练，可以采用辩论、案例研究等学习策略。

现在，科技的进步为学生自主学习提供了丰富的工具，如智能手机、平板电脑、电子书、在线课程、视频教程、在线讨论平台等。其中，数字化的学习资源能够提供丰富的信息，满足学习需求；网络技术使得学习不再受时间和空间的限制，可以随时随地进行；互动技术提供了实时反馈，帮助学生调整学习策略，提升学习效率。

值得注意的是，学生自主学习并不意味着无师自通，而是需要在教师的指导下进行。教师应扮演课程的设计者、学习的指导者、学习资源的提供者以及评价者的角色，帮助学生形成正确的学习观念，培养有效的学习策略，构建个性化、能够自我调节的学习环境，从而发挥学生自主学习的最大效果。

总的来说，学生自主学习的策略和工具在基于对分课堂的混合式金课的教学实践中占据重要地位，合理运用它们，可以有效提升教学效果，充分发挥以学生为中心的教学方法的优势。同时也应注意，学生自主学习的实施还面临着诸多问题，例如，如何保证学习的效果，如何进行个别化教学，如何评价自主学习的成果等，应以此为出发点，进行深入研究，更好地推动基于对分课堂的混合式金课的发展。

三、互动与合作学习的应用

在数智化背景下，基于对分课堂的混合式金课模式受到关注且广为应用。这种模式融合了线上线下的教学活动，采用了以学生为中心的教学方法，而互动与合作学习便是其中的一个重点。其主要强调了师生之间、学生之间的积极参与和共享学习资源的策略，以提升学生的学习体验和学习成效。

互动学习在基于对分课堂的混合式金课中是至关重要的一部分。为了在课堂上创设一个互动的学习环境，教师首先应该设计出引发学生思考并促使他们积极参与的教学内容和活动。例如，教师既可以设计出互动式的在线教学环节，利用线上教学平台的工具使学生在观看讲解视频时可以进行实时的提问和讨论，也可以设置一些在线的小测验或游戏，让学生在自主学习的过程中保持高度集中的注意力，并始终处于一种轻松的学习氛围中。

同时，教师还要引导学生养成深度学习的习惯，他们可以通过设定问题，鼓励学生进行独立思考和解决问题，而不仅仅是被动地接受知识和记忆知识。这样不仅能够激发学生的学习兴趣，提高其学习的自主性，也更有利于学生的深度学习。

合作学习则是另一种在基于对分课堂的混合式金课中，需要重点关注的教学方法。在这一方法中，学生通过团队协作完成任务，提升他们的合作沟通能力。教师可通过设计一系列任务，要求学生在团队协作中分工合作，共同解决问题，相互学习，共同进步。这样的教学设计，不仅可以让学生学到知识，还可以提升他们的团队协作能力和解决实际问题的能力。

总的来说，基于对分课堂的混合式金课和互动与合作学习的结合，不仅可以激发学生的学习兴趣，提高学习的自主性，还能提升他们的团队协作能力和解决实际问题的能力。教师在设计课程时，可以灵活运用这两种教学方法，以达到优化课程设计、提升教学效果的目标。

四、个性化学习路径的设计与应用

在数智化背景下，基于对分课堂的混合式金课已然成为教育创新的重要路径。在基于对分课堂的混合式金课的教学模式中，以学生为中心的教学方法尤为重要，它能帮助教师更好地应对学生的个体差异，提供个性化的学习路径，从而让教育教学实现差异化发展。下面就个性化学习路径的设计与应用展开探讨。

个性化学习路径，简而言之，是根据学生的个体差异、兴趣特点、知识能力等因素，制定出符合其学习发展的路径和策略。个性化学习路径的设计与应用，与基于对分课堂的混合式金课有着天生的适配性。在基于对分课堂的混合式金课中，师生可以充分利用线下课堂和线上课堂相结合的模式，根据学生的实际情况和学习进度进行有针对性的教学设计，以满足不同学生的学习需求。在这种情境下，个性化学习路径的设计与应用便展现出其真正的价值和必要性。

设计个性化学习路径，首先需要对学生进行深入的个体研究，包括其兴趣、知识水平、认知风格等各方面。同时，也需要根据学科特点和学习目标，制订出相应的学习计划和策略。例如，对于一些对概念理解存在困难的学生，可以针对其理解能力，设计出由浅入深、循序渐进的学习路径；对于兴趣广泛的学生，可以设计不同的主题项目，让其在实践中进行探索性学习等。通过这样的方式，每个学生都将拥有一个符合自己特点的学习路径，这不仅有利于深化学生的学习体验，也有利于激发他们的学习兴趣和积极性。

在个性化学习路径的设计与应用过程中，还应该注意以下几点。

首先，个性化学习路径的设计应以学生为中心，尊重学生的个体差异和发展节奏。在设计过程中，应尽量避免"一刀切"的做法，而要尊重每一个学生的学习状态和步伐。

其次，应构建一个灵活、开放的学习环境，让学生能够根据自己的需求和能力调整学习路径；同时，教师也应定期进行反馈和调整，以便更准确地指导学生。

再次，既要尊重个体差异，也要强调集体活动的重要性。应当鼓励学生在个性化学习的同时，参与到团体学习中来，以便他们能在与人交流与合作的过程中，提升其社会技能和团队协作能力。

最后，应充分利用现代信息技术手段，如大数据、人工智能等，对学生的学习情况进行精细化管理，以便更准确地洞察学生的学习状态，从而为学生提供更适合其个性化发展的学习资源和辅导方法。

基于对分课堂的混合式金课的推广与发展为个性化教学提供了新的视角和新

的实践平台，应积极探索和实践个性化学习路径的设计与应用，以更好地满足学生的学习需求，提升教学的效率与效果，助力教育的公平与优质。同时，也要不断反思和丰富教学设计思想与方法，让教学真正为学生的成长服务。

五、创新思维与批判性思维的培养

在当今的教育背景下，基于对分课堂的混合式金课成为教育改革的新方向。而在基于对分课堂的混合式金课的教学过程中，开发和施行以学生为中心的教学方法被认为是有实际效用且至关重要的一个环节。在以学生为中心的教学方法中，培养学生的创新思维与批判性思维非常重要。

所谓创新思维，指的是个体能够在给定的相同条件下，进行不平常的联想、思考，从而产生新的视角、新的想法、新的解决方案的能力。批判性思维则是指个体在信息处理、评判和作决定时，运用独立、分析、反思等技能进行逻辑推理和价值判断的能力。所谓的以学生为中心，就是将学生作为重要的主体，充分考虑其需求、兴趣和个体差异，使其在学习过程中发挥主体性，充分调动其学习的积极性和主动性。因此，在以学生为中心的教学方法中，有必要培养学生的创新思维和批判性思维。

对此，首先，要构建一个自由、开放、探索型的学习环境，让学生有广阔的思考空间和表达空间。在基于对分课堂的混合式金课中，线上线下的结合给了教学更多的可能性。例如，教师可以运用互动式的学习平台，让学生在探究问题、讨论问题过程中，自由表达自己的思考和意见，这既能锻炼他们独立思考的能力，也能促进他们之间的互动交流，激发创新思维的火花。

其次，要注重引入问题导向策略，提升学生解决问题的能力。在教学过程中，教师可以引导学生去发现问题、分析问题、解决问题，通过这样的过程，既能锻炼他们的批判性思维，也能提升他们的创新能力和解决问题的能力。

再次，要鼓励学生自我反思，培养其元认知能力。教师可以设定一些需要自我反思的任务，引导学生思考自己的学习过程、学习方法和学习成果，从而调整学习策略，提升学习效果。通过这样的自我反思过程，能培养学生自主学习、自我调整的能力，同时，也有助于他们的创新思维和批判性思维的发展。

最后，要注重实践，让学生在实践中学习，在实践中思考，在实践中提升。教师可以设置一些实践项目，让学生在实践中运用知识，解决实际问题。在这样的过程中，学生能有更多的机会进行批判性思维和创新性思考。

总的来说，基于对分课堂的混合式金课强调学生个体的参与和主动性，为创新思维和批判性思维的培养提供了一种新的可能。通过构建开放的学习环境、引入问题导向策略、鼓励学生自我反思以及提供实践机会，教师可以更好地引导学生运用和发展他们的创新思维和批判性思维。在未来的教育过程中，教师需要不断反思和摸索，以找到适合自己学生的教学模式和方法，保持对创新思维和批判性思维培养的关注与努力，以期达到教育的真正意义。

第四节　案例分析与实践教学方法

一、案例的选择与分析

在基于对分课堂的混合式金课教学模式下，案例分析与实践教学方法十分常见。该方法能够以极具启发性和实践性的方式，帮助学生更深入、更全面地理解学科知识，增强实际操作能力。

首先，案例的选择至关重要。在选择案例时，教师需要考虑学科的内涵，审视案例能否充分体现学科的核心思想，能否在学生中引发深度思考。同时，案例应以生活实例为基础，具备一定的实际应用价值，这样，学生能在对应用性知识的学习中找到趣味性和参与感。不过，教师在选择案例的同时也要注意，应尽量避免选择过于复杂或者宏大的案例，以免超过学生的认知能力，影响教学效果。

其次，对案例的分析也颇为关键。它为学生提供了一个系统性的、有助于理解和解决问题的指导与工具。在分析案例时，需要确保分析过程的清晰性、逻辑性和适用性。具体地讲，分析过程应包括对问题的定义、分析问题的原因、可能的解决方案以及解决方案可能带来的后果。这样的过程能帮助学生在应对复杂问题时，避免陷入混乱，提高其问题解决的效率，改善其最终效果。

在基于对分课堂的混合式金课中，案例分析与实践教学是相辅相成的。通过精心选择的案例，引导学生参与讨论和分析，采用恰当的分析过程，可以帮助学生形成问题解决的思维模式，提高其分析和判断问题的能力。这种教学方式不仅可以提高学生的实践操作能力，更能提升他们的创新思维和批判性思维。

总的来说，案例分析与实践教学在基于对分课堂的混合式金课中的运用，要求关注案例的选择与分析，并在理论和实践中找到恰当的结合点。既要尊重学科的内涵，又要注重培养学生的实践能力；既要避免盲目跟风地追求创新，又要勇于尝试创新的教学方法。只有这样，才能在基于对分课堂的混合式金课的实施中，发挥出案例分析与实践教学方法的最大效用，帮助学生获得更深、更丰富的学习体验。

二、案例分析与实践教学方法的设计原则

案例分析与实践教学方法的设计原则在应用该教学方法中有着重要的引导和塑造作用。其设计原则主要包括任务驱动原则、以学生为中心原则、归纳指导原则、创新探索原则和评价反馈原则。

第一，任务驱动原则是指教学设计应以实践任务为导向，引导学生积极发挥主体作用，主动体验、探索和研究，以实现理论与实践的深度融合。在基于对分课堂的混合式金课中，可以根据课程内容设计一系列实践任务，如实验模拟、业务流程模拟、案例分析等，让学生在完成任务的过程中实现学习目标。

第二，以学生为中心原则要以学生为主体，以教师为引导者，最终达到最佳的教学效果。基于对分课堂的混合式金课要充分考虑到学生差异，在教学设计中注重个性化学习，旨在引导学生积极参与、主动学习、自主探究、合作交流、深度思考，提高学习成效。

第三，归纳指导原则主张从学生的已有知识出发，归纳总结出本质规律和方法，为学生提供指导思想和行动方案。在基于对分课堂的混合式金课中，教师应以学生为中心，引导学生从具体事物中发现规律，再通过归纳、梳理、总结，达到对知识的深刻理解和对技能的熟练运用。

第四，创新探索原则强调教学设计应鼓励和引导学生开展创新活动，挖掘新

的知识和方法，使学生能积极探索未知，培养独立思考和解决问题的能力。在基于对分课堂的混合式金课中，教师应设计出不同的挑战性任务，刺激学生的思维活跃度，不断探索，以培养学生的创新能力。

第五，评价反馈原则认为教学设计应设置有效的评价和反馈环节，以便对学生的学习过程和结果进行及时、全面、科学的评价，为学生的学习提供反馈信息，对教学进行调整。在基于对分课堂的混合式金课中，应设定多元化的评价方式，如自我评价、互相评价、教师评价等，同时，应在教学过程中及时反馈，调整教学策略，以优化教学过程。

案例分析与实践教学方法的设计原则是基于对分课堂的混合式金课成功实施的基础和保障。它遵循以学生为中心，强调实践应用与创新探索，倡导个性化，反映了教育的发展趋势。其实施不仅有利于提高学生的实践能力，培养学生的创新精神和批判性思维，而且有利于提高课程的教学质量和教学效果。

三、跨学科案例研究的实施

跨学科案例研究是一种在案例分析与实践教学方法中充满挑战且颇有成效的具体方法，它对于基于对分课堂的混合式金课的研究来讲，具有重大的作用。它可以帮助学生从多个角度、多个层面去理解和掌握知识；同时，也能激发学生的学习兴趣，培育跨学科思维能力。

跨学科案例研究是以案例或问题为中心，综合运用各学科的知识和方法，解决实际问题的一种研究方法。它主张打破学科之间的界限，提倡整合不同学科的知识，通过多元化的视角，全面、深入地解决问题。

实施跨学科案例研究主要分为以下几个步骤。首先，选择适合学生的案例。案例的选取需要具有一定的贴合性和跨学科性，能引起学生的兴趣和好奇心。其次，要安排适当的学习活动，如小组讨论、专题报告等，并注意引导学生运用跨学科的知识和方法分析案例。最后，做好实施跟踪评价，及时调整教学方法和教学策略。

在数智化背景下基于对分课堂的混合式金课中，跨学科案例研究能够展现其独特的作用。首先，它有助于提升教学效果。通过案例研究，学生能从中得到直观的认知和理解，方便他们掌握和运用所学的知识。其次，它能弥补基于对分课堂的混合型金课中线上教学的不足，增加教学的互动性和实践性，提高学生的学习积极性。最后，跨学科案例研究也能够培养学生的跨学科思维，多角度、全面地解决问题。

综上所述，跨学科案例研究在基于对分课堂的混合式金课中的应用具有重要的意义。教师需要通过精心设计的案例，合理地组织教学活动，兼顾跨学科的学习理念，提升学生的学习兴趣和积极性，实现提高教学质量和培养跨学科思维的双重目标。从更为深层次的视角，学界亦应充分认识到这一研究领域的实践意义和理论价值，推动相关研究的进一步深入。

第五章

数智化背景下基于对分课堂的混合式金课的教学效果评估与改进

第一节 教学效果评估概述

一、教学效果评估的理论基础

教学效果评估是为了判断教育教学活动是否达到预期效果，并以此为依据对教学活动进行分析和改进的一个过程。其主要目的是审视教学的前期预设是否合理、教师的授课方法是否恰当、学生的学习进度是否正常，并以此为依据对其进行改进与再设计。

教学效果评估的重要性不言而喻。只有通过持续不断的评估，才能清晰了解教学活动的状况，发现问题、分析问题，进而解决问题。尤其在当前的数智化背景下，教学方式与方法日益丰富和个性化，如何准确评估其教学效果显得更为重要。

要评估教学效果，便要掌握一定的评估方法。这些方法主要可分为定性评估和定量评估。其中，前者重在深入理解评估对象的内在过程、情况，大多通过观察、访谈、问卷等方式进行，反馈信息更为丰富具体，可挖掘深层次的原因。后者则主要通过封闭性问题、量表等方式，便于掌握大规模教学信息、进行统计分析，以比较客观、准确的方式展现课程效果。

评估指标是评估开展的关键。通常包括学生满意度、教学目标完成度、学生学习成果等。其中，学生满意度是学生对教学活动的主观感受，反映了学生对教学活动的接受程度；教学目标完成度是检验教学是否按计划进行的重要指标；学生学习成果则是对教学质量的直接反映。在实际操作中，需要根据教学实际情况和目标选择适当的指标。

在特定的教学环境中如基于对分课堂的混合式金课，评估指标的应用需要具体问题具体分析。基于对分课堂的混合式金课结合线上线下教学方式，提供全天候、个性化的学习体验，这就需要我们在评估时考虑学生异地、异步学习的特性，考量学生自主学习和线上交流的效果，对教师的互动指导、学习资源的投入等因素进行量化和考量。

此外，由于基于对分课堂的混合式金课设定的教学模式，学生的自学以及在课堂上与教师的深度交流需求更为强烈。这就需要教学效果评估能以更理性、更开放和创新的态度去评价每个学生的学习情况，并进行动态调节和优化。

总之，在数智化背景下基于对分课堂的混合式金课的环境中，教学效果评估更需关注学生的学习过程，不仅是学生的学习成果，更需要关注学生的学习投入、学习策略等方面。同时，也需要关注教学过程中的多元因素，包括教师的教学方式、教育工具的使用、教育环境的变化等，并在这些因素之间找到最佳的平衡，实现在整个教学过程中最大限度地提升教学效果。在这个过程中，需要跳出传统的评估方式，用更开放、创新性的眼光来审视和评价教学效果，从而使教学效果评估真正成为推动教学改进和创新，提高教学质量的重要工具。

二、问题的发现与解决策略

在教学效果评估的过程中，避免不了会遇到各种问题。问题的出现有时是一个不确定的因素，有时也是个体自身的局限性导致的。这就需要及时去发现这些问题，并针对这些问题提出解决策略。

问题的发现基于对教学效果进行适时、精准的评估。数智化背景下的基于对分课堂的混合式金课已经不再局限于教师的教学经验，更依托于科技的力量，通过数据的收集、分析，以达到精确评估课程效果的助力。评估的内容也更为宽泛，包括学生的学业成绩、课堂参与度、自主学习能力。

然而，即使有了科技的帮助，问题的出现仍然在所难免。这时，及时发现问题的重要性就显现出来。要在教学过程中，通过观察、反馈等方式，主动去寻找那些可能出现问题的地方。例如，可以通过跟踪学生的学业进度，观察学生是否有挤时间学习、疏忽作业等行为；处理学生反馈的问题，包括学习困难、时间分配问题等。

发现问题后，需要提出解决策略。解决策略的提出是一个问题解决的开始，也是问题解决的关键。首先，要对问题进行深入分析，了解问题的实质，掌握问题的全貌；其次，要根据问题的性质、严重程度来制定不同的解决策略；最后，要有一定的灵活性，以便在实施过程中根据情况的变化来调整策略。

解决教学中的问题，不能只寄希望于某一种"良药"，而应根据问题的具体性，提出有针对性的解决策略。例如，对于学生学习困难的问题，可以引导他们利用学习资源，提高学习效率；对于疏忽作业的问题，可以采取线上作业系统，对学生进行有效的管理；对于挤时间学习的问题，可以通过提高课堂参与度，使学生在课堂上得到更多的学习收获。

问题的发现与解决策略在教学效果评估中起着至关重要的作用。只有发现了问题，才能有针对性地提出解决策略；只有有效的解决策略，才能真正解决问题，从而提高教学效果。因此，在进行教学效果评估时，一定要重视问题的发现与解决策略。

总的来说，问题的发现是一种主动的态度，而解决策略是一种实际的行动，两者相辅相成，在教学效果评估中具有重要的意义。在数智化背景下基于对分课堂的混合式金课将更加强调这两者的作用，让每一个教学环节都能有效、精确地得到改善。

第二节 教学效果评估实践

一、教学效果评估指标的设计原则

教学效果评估指标的设计原则是优化教学评估过程的重要内容。这些原则是设计出一套切实可行、具有较高可操作性的评估指标的出发点。在数智化背景下基于对分课堂的混合式金课的教学效果评估与改进的过程中，这些原则也有助于实现更为准确、客观、全面的评估，并提出和实施有效的教学改进方案。

第一，教学效果评估指标设计的首要原则是有效性。需要选择那些确实能反映教学效果的指标来进行评估。这些指标应该能够合理地量化学生的学习效果变化和进步，体现出教学活动的成效。例如，可以通过考试成绩、课程完成度、学生参与度等具体指标来评估教学效果。

第二，教学效果评估指标设计的原则要满足可行性。在实际操作过程中，要充分考虑操作的可行性，应当选择那些容易获取数据、检测方法简单、成本较低的指标。当然，这并不意味着可以忽视某些难以量化或者成本较高的重要指标，而是要寻找一种平衡，结合实际情况进行选择和设计。

第三，教学效果评估指标设计的原则中还包括反馈性。通过对指标的监控和分析，教师和学生都应能获取教学情况和学习情况的实时反馈，以便及时发现问题并进行调整。例如，教师可以根据学生的课堂参与度、作业完成情况等指标，调整教学策略和方法。同时，学生也可以根据自己的学习进度和水平，调整学习方法和策略。

第四，教学效果评估指标的设计亦需坚持公正性。评估指标的设计和应用，对于任何一个学生，都应公正无私。公正的评估既能保证教学效果的最大化，又能保护学生的权益，避免因为不公的评估而影响学生的学习积极性。

第五，需要考虑到评估指标的发展性。教学效果评估不仅仅是对已有成效的评价，更应该反映学生的进步和发展。因此，需要关注学生的发展性指标，如学习策略的改变、学习兴趣的提升、学习态度的改善等。

第六，科学性原则。科学的教学效果评估指标的设计需要借鉴心理学、教育学、统计学等多学科知识，使得评估系统更具严谨性与易理解性。

总的来说，在评估教学效果时，需要遵循以上原则，建立一套系统、完善的教学效果评估指标体系，以助力教学的改革和发展，同时也能够提高学生的学习效果和满意度。在数智化背景下基于对分课堂的混合式金课中，这些原则的应用同样十分重要，能够帮助我们更好地了解该新型教学模式的教学情况，更准确地评估其教学效果，以实现教学效果的持续改进和优化。

二、教学效果评估指标体系的设计要点

在数智化背景下基于对分课堂的混合式金课教学中，教学效果的评估与分析是非常关键的一环。如何准确地衡量和评估其教学效果，是研究的重要课题。设计科学的教学效果评估指标体系，既可以对教学效果进行切实的评估，也可以为未来的教学改进提供指导。在设计基于对分课堂的混合式金课教学效果评估指标体系时，需要考虑多个要点。

首先，需要对教师的教学效果进行评估。教师在教学中扮演的角色是什么？他们的教学能力和教学方式对教学影响是什么？需要在这个维度上搭建一套全面的评估指标，包括教师的课堂授课能力、教案设计能力、线上线下教学融合能力，以及解决问题、激发学生学习兴趣、引导学生主动学习的能力等。

其次，需要对学习资源的利用效果进行评估。对于数智化背景下基于对分课堂的混合式金课而言，线上资源和线下资源的融合利用是关键。那么，应该如何评估这种融合利用的效益？可以从用户反馈、学习资源的利用效率、资源在课程中的实际应用效果等方面进行综合评估。

再次，需要关注学生的学习效果。学生的学习效果是评估基于对分课堂的混合式金课是否成功的最直接和最重要的依据。可以从诸如学生的学习成绩、课堂参与程度、主观满意度等多个维度，深入研究学生的学习效果。

最后，还需要关注基于对分课堂的混合式金课的整体效果。例如，基对分课

堂的混合式金课作为一种新型的教学模式，其整体效果如何，它对于教育资源的合理利用有何效益，它对于教育公平有何作用，它如何促进教育信息化、数智化的发展等，这些问题都应该纳入评估指标体系的视野之内。

在设计基于对分课堂的混合式金课教学效果评估指标体系的过程中，应该做到既具有实效性，又要保持开放、灵活和创新。实效性是理论和实践结合的体现，是评估效果的基础；开放、灵活和创新则是为了应对复杂多变的教育环境和不断进化的教学需求。

总的来看，设计基于对分课堂的混合式金课教学效果评估指标体系，是一个需要全面考虑的工作。要在系统性和灵活性之间找到平衡，从学校层面、教师层面、学生层面和整个社会层面，全面深入地考虑评估的角度和方法，才能够更好地评估和改善教学效果，进而推动我国教育数智化的发展。

三、教学效果评估方法的分类与选择

教学效果评估是教学中的一个重要环节，它的本质是对教学过程和教学效果进行分析与评价。

评估方法主要可分为定性评估和定量评估两种基础类型。定性评估是一种相对主观的评估方式，它侧重于推理和解释，强调个体的主观体验和个体之间的差异，适用于评价学生的学习过程和学习策略，有助于教师了解学生的学习状况和存在的问题，并为其提供个性化的教学建议。然而，由于其主观性和个体差异性，定性评估往往难以做到公正、客观和准确。

定量评估是一种更为客观的评估方法。例如它多通过考试、测查、量表、投票、数学模型等工具来量化学生的学习成果，以便进行比较和分析。定量评估的优势在于它可以清晰、直观地反映学生的学习结果，提供客观、准确的数据支持。然而，定量评估也有其局限性，例如，它可能忽视学生的学习过程和学习策略，也可能难以评估学生的创新能力或批判性思维能力。

那么，如何选择合适的评估方法呢？选择评估方法应当根据教学目标、教学内容、学生特性以及教学环境等因素进行综合考虑。

首先，评估方法需要与教学目标和教学内容相匹配。例如，如果教学目标是提高学生的创新能力,那么定性评价可能比定量评价更为合适。

其次,评估方法还需要考虑学生的特性,如学生的年龄、性别、兴趣爱好、学习风格等。例如,低年级的学生可能更适合使用游戏、观察等定性评价方法,而高年级的学生可能更适合使用考试、测查等定量评价方法。

最后,评估方法的选择还需要考虑教学环境,如教学资源、教学设施、教学模式(如面对面教学、远程教学、混合式教学等)等。例如,面对面教学可能更适合使用面试、观察等定性评估方法,远程教学可能需要依赖测试、问卷等定量评估方法,而混合式教学可能需要结合定性评估和定量评估,以全面评估学生的学习效果。

在数智化背景下,教学评估的方式也发生着变化,个性化教学和评估逐渐得到重视。可以利用大数据、人工智能等技术手段进行精细化、智能化的评价。例如,通过线上平台收集学生的线上学习数据进行分析,了解学生的学习情况,提供个性化的反馈和建议。同时,也可以利用人工智能进行自动化的评价,减轻教师的工作负担。

总的来说,评估方法的分类与选择是一个重要而复杂的课题,需要教师根据具体情况灵活、科学地选择和使用,以便更加准确、全面地评估学生的学习效果。在数智化背景下,这一课题也将更加复杂多元,充满挑战和机遇。

四、收集与分析教学反馈信息

在基于对分课堂的混合式金课教学模式中,收集与分析教学反馈信息是评估教学效果的重要手段。教学反馈信息主要体现在学生的学习状态、知识掌握程度、参与程度以及对课堂内容的喜好等方面。这些信息能够帮助教师了解到教学的实际效果,从而有针对性地进行教学改进。

具体来说,收集教学反馈信息的方式有多种。可以通过问卷调查、教学日记、课堂观察、学生作业、期末考试等方式,详细了解和掌握学生的学习状态与知识掌握情况。其中,还可以定期进行学生满意度调查,通过此项调查,了解学生对课程的满意度,从而更好地了解教学效果。

同时,也需要注意对反馈信息的处理和分析。分析教学反馈信息的最重要任务就是发现问题,要从教学反馈信息中发现教学过程中出现的问题,找出原因,并对教学过程进行改进。最常见的分析方式就是定量和定性分析。可以通过对数据分类、排序、汇总等方式,进行定量分析;也可以对学生的反馈内容进行深入的文本分析,从而进行定性分析。这两种分析方式相辅相成,可以帮助我们更好地提炼出学生反馈的要点。

更为重要的是,需要对教学反馈信息进行充分的运用。教学反馈信息是一种宝贵的资源,如果能够充分运用它,就可以对教学进行有效的改进。不仅可以通过教学反馈信息对教学方法进行调整,更可以通过这些信息重新设计课堂活动,从而让学生更加积极地参与到课堂学习中。

收集与分析教学反馈信息绝非易事,它本身就是一项系统工程,需要教师或者教研人员具备一定的研究能力。从教学反馈信息的收集到分析再到应用,每一步都需要严谨且细心。只有这样,才能真正理解学生的学习需求,从而提供更为优质的教学服务。在数智化的背景下,通过利用大数据等先进科技,可以更深入地理解教学反馈信息,对其进行更为精准的分析,最终贡献于基于对分课堂的混合式金课的优化与改进。

五、从学习成绩和学习体验评估教学效果

按照教育测量学的常规分类,教学效果的评估因素较多,其中最显著的两个因素,无疑是学习成绩和学习体验。下面将着重从这两方面对基于对分课堂的混合式金课教学效果进行探索,希望为这一教学模式的长远发展提供实证支持与启示。

学习成绩作为学生知识学习和技能掌握的直观反馈,常常是评估教学效果的硬性指标。在数智化背景下,基于对分课堂的混合式金课可以利用大数据技术和分析方法来收集并分析学生的学习成绩,从而适时发现教学中存在的问题,及时进行教学改进。这种切入角度的优点是直观、客观、循证,通过对学生的实际知识掌握情况进行把握,为教育教学的改革和创新提供客观依据。然而,仅依赖成绩也并不能全面反映学生的学习状态和教学的全方位效果。因此,需要引入第二方面的评估指标,即学习体验。

学习体验，作为软性的评估指标，着重关注学生的主观感受和个人体验。在基于对分课堂的混合式金课中，学生的学习体验表现在对课程设计的满意度，对互动环境的适应度，对知识掌握的自我感知等方面。数智化技术的应用，让学生的学习体验也能像学习成绩一样，通过数字化的方式进行记录和分析，提供丰富的数据研究素材。若没有较好的学习体验，往往会直接影响学生的学习动力，阻碍知识技能的内化和嫁接。学习体验评估的优点在于能够从学生角度反映教学效果，更加全面、立体地揭示基于对分课堂的混合式金课的教学实效。

将以上两方面综合起来，就可以通过多个维度对基于对分课堂的混合式金课的教学效果进行全面评估。一方面，关注学生的学习成绩，看看学生在知识掌握和技能形成方面的表现如何，反映出教学的直观效果；另一方面，重视学生的学习体验，洞悉学生对教学过程的感受和评价，揭示经过数字化处理的结论背后的个体差异，提供教学改进的人性化视角。

与此同时，还需要借助数智化的力量，系统获得和研究上述两种类型的评估数据。数智化技术可使这两种类型的数据在获取、处理和应用中更为便捷与科学，从而为教学效果的评估提供实证依据，为教学改进指明方向，最终实现教学模式的优化迭代。在这个过程中，教师的角色也发生了变化，从传统的知识传输者转变为数据分析者和评估者，这将进一步推动教育教学的改革与发展。

从学习成绩和学习体验评估教学效果，既关注结果又注重过程，体现出基于对分课堂的混合式金课教学模式能够以客观、科学的方式全面评估教学效果，更具有开创性和创新性。总之，对基于对分课堂的混合式金课的教学效果评估，不仅要看学生对专业知识的掌握程度，还要看学生的学习体验，以对教学效果做出正确理解，从而有针对性地进行教学改进，切实提升教学质量。

六、大数据技术与人工智能技术在教学效果评估中的应用

大数据和人工智能技术在众多领域都有广泛应用，基于对分课堂的混合式金课的教学效果评估亦在此列。基于对分课堂的混合式金课中会汇集大规模的数据，如学生的行为数据、成绩数据、综合评价数据等。这些数据形态多样，大数据技术就能帮助我们处理这些数据，提取出有价值的信息，为教学评估提供依

据。人工智能技术，如机器学习与深度学习，可以进一步挖掘出隐藏在大数据背后的关系，对学生的行为、学习效果进行预测，制定出更个性化的教学策略。

在教育教学过程中，教师可以收集到关于学生的大量信息，通过对这些数据的分析，教师可以获得一个全面、多角度的学生画像，这些结果可以帮助教师了解学生的学习特点、学习习惯，从而提供更准确的教学效果评估。

接着，人工智能可以进一步升级大数据分析的结果。通过引入复杂的算法，人工智能可以发现大数据中隐藏的模式，找出那些疏漏的信息，预测学生的学习成绩以及未来的学习轨迹。对于教师来说，这些信息无疑可以为更深层次地了解学生提供依据，从而为教学效果评估提供更精确的依据。

当然，大数据技术和人工智能技术在教学评估中的实践应用，也会面临一些挑战。首先是数据质量和完整性问题，不完整或错误的数据将对评估结果产生负面影响。其次，就算有了精确的数据和算法，如何将评估结果转化为符合学生个体差异的、具有操作性的教学建议，也是一个大难题。

大数据技术和人工智能技术的结合将极大提升教学效果评估的准确性和效率，为获得更好的基于对分课堂的混合式金课模式铺路。

第三节 教学效果的改进策略

一、针对教学评估结果的改进策略

在数智化背景下，基于对分课堂的混合式金课教学模式越发显出其高效、有趣和生动的优势，但是，任何一种教学模式的实施都不能一蹴而就，总是需要不断地总结经验、反馈问题、评估效果，并结合评估结果对教学进行相应的改进，从而形成一个循环反馈的教学生态体系。

在基于对分课堂的混合式金课教学模式中，评估作为教学过程的重要环节，其重要性不言而喻。处理和分析评估结果是获取教学反馈的关键步骤。一般而言,需要采集学生的学习成绩、学习行为等数据,并通过多种统计方法,进行数据分析和结果解读。在这个过程中,需要特别注意,数据背后是真实的学生,是千变万化、各有特色的活生生的个体。所以,处理和分析评估结果必须遵循公正、公平、公开的原则,尊重数据、尊重学生的多样性。

获取评估结果后,需要为课程的设计和实施有效的改进策略。第一,修正教学设计。这包括调整教学目标,澄清教学要求,优化教学内容,改进教学方法等,确保教学设计更符合学生的实际需求和教学目标。第二,调整教学策略。这可能涉及调整课堂教学时间、改变教学节奏、调整学生学习任务等,使之更符合学生的学习习惯和节奏,提高教学效果。第三,改进学习环境。例如,为学生提供更舒适的学习环境,增设必要的学习资源,完善学习平台的功能,为学生的学习提供更大的支持。

总的来说,针对评估结果的教学改进不仅要从教学设计、教学方法、教学策略等多方面进行改进,还要尊重学生的个体差异,关注学生的主观感受,让教学活动真正地为学生的学习服务。而这是一个持续不断的、反馈与改进交替进行的过程。只有构建了一个教学评价与反馈的正向循环机制,才能让基于对分课堂的混合式金课教学模式发挥出最大的优势,得到最好的教学效果。

二、技术支持系统的持续升级

在基于对分课堂的混合式金课教学效果的持续改进中,绝对不能忽视技术支持系统的持续升级。在数智化背景下,基于对分课堂的混合式金课为提供优质教育资源提供了一种新的展示形式,而技术支持系统就是其重要骨架,承担着整个课程体系的运行、计算和输出等多重任务,正因为其重要性,有必要对其进行持续升级,以此提高课程的教学效果和效率。

技术支持系统的持续升级,主要是针对系统本身的维度和功能进行不断的完善与提升。首先,系统的升级需要提升系统的稳定性和可靠性,这是确保混合式金课正常运行的基础。其次,升级工作需要侧重优化系统的用户体验和操作流程,降低操作难度,提高教师和学生的使用满意度。最后,持续升级也需强化系统对数据的处理和分析能力,并进一步完善系统的反馈回路,以支撑基于对分课

第五章　数智化背景下基于对分课堂的混合式金课的教学效果评估与改进

堂的混合式金课的动态优化和改进。

在具体的升级策略上，首先，需要定期进行系统维护和技术更新，不仅要主动发现和解决系统存在的问题与漏洞，也要定期跟进技术发展，对系统进行技术升级，以便保持系统的高效性能。其次，满足教师和学生的个性化需求。在实际操作中，不同的教师和学生可能会有不同的操作习惯与需求，这就需要技术系统在提供普适性服务的同时，兼顾个性化服务，只有这样才能最大化满足使用者的需求，提高他们的使用满意度。

在持续升级的过程中，不仅要注重内部的技术升级，也要加强与外部的交流和合作。个别环境下的教学场景千变万化，而技术发展也日新月异，仅凭单一的技术团队可能难以应对各种情况。因此，技术系统的升级要与时俱进，通过外部合作，引入新的技术和理念，以保持自身的竞争力。

同时，还应重视技术系统的人性化设计，虽然它是一种工具，但它服务的却是人。基于对分课堂的混合式金课的目标是为教师和学生提供高效、便捷的教学资源，因此技术支持系统需要以人为本，注重用户需求、注重用户体验、注重用户反馈，只有这样，技术系统才能更好地服务于基于对分课堂的混合式金课。

综上所述，技术支持系统的持续升级对于基于对分课堂的混合式金课的持续改进具有极其重要的作用，其要通过不断优化和升级，以提高系统自身的稳定性、可靠性和用户体验，强化数据处理和反馈功能，定期进行系统维护和技术升级，满足用户的个性化需求，加强与外部的交流和合作，注重人性化设计。通过这些方式来提升基于对分课堂的混合式金课的教学效果和效率，是数智化背景下改进其教学效果的重要组成部分。

三、课程内容的动态更新

课程内容的动态更新在基于对分课堂的混合式金课中占有重要的地位。随着时代的变迁，知识更新的速度日渐加快，教师必须及时更新课程内容以适应教育的新需求和新挑战，帮助学生在瞬息万变的信息社会中抓住学习的核心。

首先，理解课程内容动态更新的实质是认识教学和学习过程的本质。课程内容的动态更新不仅仅是根据教学改革与发展的需要调整教学内容和教学策略，更是理解教学过程的开放性和发展性的重要体现。教师必须与时俱进,以应对信息社会中永不停歇的知识更新。

课程内容的动态更新必然会带来一系列的改变。教师角色的转变、课程内容的丰富、教学方法的改进等问题必须得到充足的重视。此外,随着课程内容的动态更新,教师与学生之间的互动也将发生改变。原来的"教师主导"的教学模式将逐渐转变为"学生主导",学生在课堂中的地位将逐步提升,成为课程内容更新的主动参与者和推动者。

实施课程内容动态更新的重点是构建与时俱进的课程体系。要做到这一点,教师应关注学科发展的最新动态,定期更新教材,采用先进的教学方法。同时,教师还应该定期评估学生的学习状况,根据学生的学习需求和应用场景,动态调整课程内容。例如,如果发现学生在某个知识点上普遍存在困难,教师应该及时调整教学策略,增加相关内容的教学,帮助学生掌握这个知识点;如果发现某一课程模块内容过时,应及时进行更新换新,以保证课程内容的时效性。

在数智化背景下,课程内容的动态更新尤为重要。基于对分课堂的混合式金课是线上线下教学的融合,这种模式给课程内容更新提供了更多可能性。教师可以通过线上平台,随时获取和分享最新的教育资源,提供丰富的课堂活动,帮助学生深入理解和掌握知识。同时,通过线下教学,教师可以及时获取学生的反馈,根据学生的具体学习情况,进行针对性的教学调整。

然而,课程内容的动态更新并非一蹴而就,需要教师付出大量的时间和精力。为了有效实施课程内容的动态更新,教师通常需要进行一系列的教学培训,提高自身的专业素养和技术能力。此外,学校和教育部门也应该提供必要的支持,如设备、软件和培训等。

总的来说,课程内容的动态更新是教育现代化的必然要求,是提高教育质量的有效途径。在基于对分课堂的混合式金课的环境下,课程内容的动态更新可以更好地满足学生的学习需求,激发学生的学习兴趣,提高学习效果。同时,也为教师提供了更广阔的发展空间,让教学工作变得更有趣、更有挑战。因此,应该重视课程内容的动态更新,认真研究其策略和方法,以期在教育教学的全过程中,实现课程内容的持续更新,提高教育教学质量。

四、师生互动和学生参与的积极促进

为什么教学效果的改进需要积极促进师生互动与学生参与？因为基于对分课堂的混合式金课是一种结合传统线下教学和线上自学的教学方式，这种模式可以最大限度实现个性化、差异化教学。而在这种教学模式中，促进师生的有效互动及学生的积极参与，能够更有力地改进其教学效果。

增强师生互动的关键在于，教师要担任课程设计者、组织者和引导者的角色，要牢牢掌握课程的主导权，鼓励学生参与课程的讨论与反馈，逐步引导学生从被动学习转变为主动学习。实践中，可以通过设置互动环节，利用现代化的教学工具和方法激发学生的学习兴趣，如开展在线问答、公开课讨论等活动。

同时，促进学生参与也是极为关键的。要激发学生的参与热情，除了需要有吸引力的课程内容外，教师的课堂教学策略也至关重要。例如，教师可以通过设计具有挑战性的任务、鼓励学生进行小组合作和竞赛等方式提高学生的参与度。另外，有效的学习反馈机制也能提高学生的参与度，比如及时给予学生作业反馈，开展一对一的导师制度等。

更进一步，在促进师生互动与学生参与时也需有明确的评估机制，如通过学生问卷调查、成绩分析、课堂观察等多种方式对其操作效果进行评估和反馈。通过这种评估和反馈，教师可以及时了解到操作的有效性，并根据实际效果作出相应的调整。

总的来说，积极促进师生互动与学生参与是基于对分课堂的混合式金课成功实现的关键所在。师生的有效交流和学生的积极参与，不仅可以提升课程的吸引力，也有助于提高课程的教育质量。因此，需不断钻研新的教学方法，不断调整优化教学策略，以实现数智化背景下，基于对分课堂的混合式金课等高质量教育的目标。

第六章

数智化背景下基于对分课堂的混合式金课的挑战与对策

第一节 相关技术难题与对策

一、当前技术限制分析

在数智化背景下，一方面，需要充分考虑现有技术环境，并在这个环境下寻找更先进、更合适的教学模式；另一方面，也需要面对当前技术对教学的限制。下面主要从几个方面来分析这些限制。

首先，是技术资源的短缺。随着数智化技术的快速发展，虽然线上教学、互动式教学应用越来越广泛，但在一些地区，技术资源的短缺仍然是教师和学生无法充分实施基于对分课堂的混合式金课的一个重要因素。例如，由于硬件设施不足，尽管教师有心采用数智化教学模式，但可能无法实现线上与线下的有效融合，并可能影响教学效果。

其次，技术应用的熟练程度差距也是一个显著的技术限制。尽管大多数教师都在努力学习和适应这样的教学技术，但当前也呈现出了教师之间在对技术应用的熟练程度上的差异。技术对使用者有一定的基础知识和技能要求，对于那些在技术使用上不是很熟练的教师来说，他们可能面临更大的挑战。

再次，就是技术的更新迅速，教师需要定期获取新的技术知识以跟进当前的教学需求，这确实会给教师带来了不小的压力。在这种情况下，教师需要持续学习和培训，以获取更新、更有效的技术教学方法。

最后，遵循数据保护和隐私权的要求也是一项技术的挑战。在数智化教学中，信息的保护和隐私权的尊重是必须注重的，这对数智化技术的使用提出了新的要求。

当前相关技术限制有很多，并且存在的问题较为复杂，需要一一克服，以最大限度地发挥出基于对分课堂的混合式金课的效用。

二、数据隐私与数据安全问题

在数智化背景下基于对分课堂的混合式金课的应用中，数据隐私与数据安全问题是一个不可回避的关键议题。详细来说，面对日益增长的大数据应用需求，基于对分课堂的混合式金课需要落实学生数据的收集、存储、处理与使用，展现出数据驱动的智能化特征，但同时，这也引发了严重的数据隐私与安全问题。

数据隐私问题是基于对分课堂的混合式金课在数据服务过程中不可忽略的重大问题。在这一过程中，学生的个人信息、行为数据等敏感信息会被收集、汇总，若未经确切的同意或在不透明的状态下进行这些操作，无疑将侵害学生的数据隐私权。违反隐私权不仅会对学生造成伤害，也会对基于对分课堂的混合式金课的推广和应用构成严重隐患。此外，数据隐私泄露还可能带来诸如欺诈、骚扰、诽谤等后果，给学生及其家庭赔偿带来严重危害。

数据安全问题同样是一个突出的挑战。随着基于对分课堂的混合式金课的广泛应用，学生的教学数据和个人信息越来越多地存储在云端或服务器上，然而这些存储环境的安全性并不能完全保证。数据可能遭受到外部的恶意攻击，若是数据被恶意篡改，将对基于对分课堂的混合式金课的正常运行造成严重影响。此外，数据安全问题也包括了数据的备份和恢复问题，如何在系统故障或灾害场景下迅速恢复数据，保障课程的正常运行，也是基于对分课堂的混合式金课在面对数据问题时需要考虑的。

对此，解决方案如下。第一，要加强数据隐私保护。在收集、使用数据的过程中，要坚持最少化原则，即只收集必要的、对实现目标有用的信息，并且所有的数据收集和使用活动都必须在获取学生或其法定监护人的明确同意后进行。同时，所有的数据收集和使用行为都要有明确的目标，不能无端采集和挖掘数据。

第二，要提升数据安全防护能力。基于对分课堂的混合式金课的运营者应该投入足够的资源来维护数据的安全，采用先进的安全技术和工具，包括加密技术、访问控制、数据备份等，来保护数据免受未经授权的访问和修改。同时，需要建立完善的安全应急管理机制，一旦发生安全事件，能够迅速地应对，尽量减少损失。

通过上述措施，可以在基于对分课堂的混合式金课场景中把握好利用数智化技术和保护数据隐私与数据安全之间的平衡，积极面对和解决数据隐私与数据安全问题，让基于对分课堂的混合式金课在数智化背景下的应用更安全、更有效。

三、云计算与物联网的集成挑战

随着互联网、大数据和人工智能等先进技术的迅速发展，各行各业都以不同的方式走向了数智化。在教育领域，云计算与物联网的集成挑战也浮出"水面"，在实现数智化背景下基于对分课堂的混合式金课的过程中，不可避免地遇到云计算与物联网的集成带来的挑战，需要认真面对和妥善解决。

云计算和物联网的集成，在教学模式方面提供了更多的可能性，如立体的教学资源、实时的交互反馈、智能的课堂管理等，这对于以个性化和智能化为特征的基于对分课堂的混合式金课教学无疑是有利的。然而，云计算与物联网的集成也会带来一些困难和挑战。

首先，技术复杂性是一个重要的挑战。云计算和物联网的结合需要协调各种硬件、软件和网络技术。这不仅需要较高的技术水平，而且对于运维人员来说，管理和维护的难度也会大大增加。如何在保证系统高效运行的同时，有效地处理各种技术问题，是一项巨大的挑战。

其次，云计算与物联网的集成存在网络稳定性问题。由于这种模式的运行高度依赖网络，一旦出现网络不稳定、中断等问题，就可能对教学产生严重影响。因此，建立稳定、可靠的网络环境，以及在网络出问题时有有效的应急措施，也是需要关注和解决的一个重要问题。

最后，云计算和物联网的集成同样存在数据安全和隐私保护问题。基于云计算的教学模式可能会涉及大量敏感信息，如学生的个人信息、成绩数据等。这些数据如何在云端存储和处理，如何防止数据泄露，保证数据的安全、完整性以及用户的隐私权益，是当前必须面对并需要妥善处理的问题。

解决以上问题的办法也有很多。首先，可以通过加强专业知识和技术的培训，提升个体和团队的技术能力。同时，可以采取模块化设计，降低系统复杂性，简化运维管理。其次，需要树立数据安全意识，从技术和制度两方面解决数据安全问题。对于技术，可以采用数据加密等技术手段，保护数据安全；对于制度，可以完善数据管理和认证系统，规范用户行为，防止数据滥用。最后，需要提高网络稳定性，或在网络环境差的地方尽可能提供离线学习模式，以免学生因网络问题无法正常学习。

四、人工智能技术在个性化学习中的应用难题

人工智能技术有全面改变传统的教学模式、提升教学效果的潜力。然而，在数智化背景下基于对分课堂的混合式金课的实现过程中，如何运用人工智能技术来实现个性化学习，使得每一个学生都能获得最适合自己的学习资源，并在学习过程中得到个性化引领，无疑是整个技术应用过程中的一大挑战。

具体来说，个性化学习中的应用难题主要包括以下几个方面。

一是如何根据学生的特性和需求对教学内容与教学进度进行个性化调整。每个学生的学习能力、学习兴趣和学习需求都不尽相同，如果不能够精准地把握这些变化，进行针对性的教学，就无法实现真正的个性化学习。

二是如何通过人工智能技术，实现对学生学习数据的深度分析，从中挖掘出学生的学习态度、学习方法、学习难点等信息，为教学决策提供依据。这既需要高效的数据收集和处理技术，也需要复杂的数据分析和解读技术。

三是如何将人工智能技术和教育教学实践有机结合，既要保证技术的先进性，又要保证教育实践的实效性。前者要求人工智能技术必须具备足够的独创性和创新性，后者则要求人工智能必须能够被有效地运用在实际的教学过程中，真正实现教学质量的提升。

以上的问题需要在实践中不断寻找解决方案。例如，针对第一个难题，可以考虑建立更为精细的学生个性化模型，包括学习能力模型、学习兴趣模型和学习需求模型，并将这些模型应用到教学内容和教学进度的调整中。针对第二个难题，需要发展高效的学习数据收集和处理技术，建立学生学习数据的解析和解读体系，以实现对学习数据的深度分析。针对第三个难题，需要在教学实践中积极尝试引入人工智能技术，并不断调整和优化教学策略，以使人工智能技术真正服务于教育实践。

五、大数据技术在教学评估中的使用困境

一直以来，教学评估都是教师工作的重要一环，缺少有效的教学评估，教师很难获得教学过程中学生的反馈，也就不能对自己的教学方法和教学内容进行及时的调整和改进。然而，传统的教学评估方法，如笔试、口试等需要耗费大量的时间和精力，而且往往无法全方位、多维度地评价学生的学习状况，进而无法有效指引教师的调整。而大数据技术的出现，让我们看到了新的可能。但是，将大数据应用于教学评估中并不是一帆风顺的，也面临着许多困境。

首先，大数据的采集难题。教学评估涉及的内容广泛，包括学生的学习成绩、参与度、反馈等。如何有效地收集这些数据、清洗这些数据，无疑将会是一个非常大的挑战。同时，由于大数据的特性，收集的数据必须具有典型性和代表性，否则就不具备数据分析的价值。

其次，大数据的处理和分析难题。数据的收集只是第一步，如何将这些数据进行有效的处理和分析，从而提取出有用的信息，这也是一个重要的环节。同时，数据的处理和分析过程会涉及很多技术问题，如数据清洗、数据挖掘、数据可视化等。

最后，大数据的使用难题。拥有大量的数据并不能直接解决问题，如何将这些数据有效地应用到教学评估中，这也是一大难题。目前，教师对大数据的使用还缺乏相关的知识和技能，无法将大数据的结果有效地应用于实际教学中。而且，大数据的结果需要具有可解释性，否则教师和学生都无法接受并反过来指导实践。

对于上述困境，需要逐一解决。首先，提高数据收集的有效性和精准性，利用

先进的数据采集技术和设备，提高数据的典型性和代表性。其次，建立有效的数据处理和分析系统，联合教师和技术人员，共同解决技术问题。最后，针对教师的大数据使用能力，进行有效的培训和指导，提高教师对大数据的理解和使用能力，让教师能够更好地将大数据的结果应用于实际教学中。

总的来看，大数据在教学评估中的使用确实存在许多困境，但只要能有针对性地对这些问题进行解决，必将推动教学评估的进步，更好地满足数智化背景下基于对分课堂的混合式金课的需求，真正实现教育的发展，让教育更具公平性、效益性。

六、技术接入与普及的经济障碍

从现实出发，技术接入与普及的经济障碍是一道难以逾越的鸿沟，横亘在数智化背景下基于对分课堂的混合式金课实施的道路上，牵涉到多个复杂的因素，其中最显著的就是技术接入与普及必然代表大量的经济投入。

首先，软硬件设备投入是一个显著的经济难题。在现行教育体系下，部分学校出于多种原因，还没有形成一套完备的硬件设施，比如电脑、投影仪、交互式白板等。而对于软件设备来说，购买教育软件的版权、租用云计算空间、维护服务器的稳定运行等也会产生大量的开支。这些都是实施混合式金课必须面对的硬性支出，既不能回避，也不能省略。

其次，教师的培训费用也是一个无法回避的经济问题。基于对分课堂的混合式金课离不开数智化技术的支持，因此，教师必须有一套数智化的操作技能，才能更好地将这种教学方式应用到实际课堂中。这代表着一方面要让还未具备这些技能的教师通过学习和培训尽快掌握这些技能；另一方面要让已具备这些技能的教师定期或不定期地进行继续学习和培训，掌握更新的操作技能。当然，这样的培训花费也是一笔不小的开支。

再次，在这种教学模式下，课程资源的创建和维护也需要大量的经济投入。基于对分课堂的混合式金课的核心就在于能够将线上和线下的教学资源进行有效的整合，但是，倘若没有一套完善的课程资源，那么，这种整合就变得无从谈起。而课程资源的创建和维护需要投入大量的人力与物力，对于很多学校而言，这也是一个难以承受的负担。

最后，提高网络的普及率仍是一个巨大的经济问题。如果仍有学生无法接通网络，那么基于对分课堂的混合式金课的优势就无法体现，还会因此加剧教育的不公平。

在实践中，只有走出这些经济难题的困境，基于对分课堂的混合式金课才能真正成为一种普及的教学模式，真正起到调动教师和学生积极性、优化教学资源布局、提高教学质量的效用。

七、解决方案与未来发展方向

随着数智化时代的来临，在线教育的概念呈现了前所未有的变化。基于对分课堂的混合式金课是这种变化的重要代表，它集合了线下教育和线上教育的优点，有效提高了教学质量。然而，与此同时，基于对分课堂的混合式金课也面临着诸多的挑战，其中相关技术难题是一个重要的方面。

面对这些挑战，有必要提出一系列解决方案。例如，在网络稳定性方面，需要加强网络基础设施建设，优化网络连接，减少网络中断和延迟的发生。在硬件和软件设备配置方面，应采取统一的硬件设备标准和软件应用培训，提高学校的设备配置和软件应用水平。在大数据处理能力方面，需要提高大数据处理和分析技术，通过大数据技术有效提取和分析教学质量，为基于对分课堂的混合式金课提供数据支持。

除此之外，需要认识到，技术发展是一个持续的过程，随着数智化技术的快速发展，需要不断更新解决方案，以应对新的技术挑战。因此，未来的基于对分课堂的混合式金课需要完善的基础设施，包括高速、稳定的网络连接，先进、稳定的硬件设备，以及对各类软件的高度适配。同时，数智化技术肯定会在下一阶段的教育中发挥更大的作用，需要更深入地理解这些问题，需要开发更强大的数据处理和分析能力，来迎接新时代的到来。

第二节 教学管理和支持服务的挑战与对策

一、现代教学管理工具的不足与改进

在数智化背景下基于对分课堂的混合式金课模式中，教学管理工具对于系统的运行起着至关重要的作用。一个良好的教学管理系统应当可以提供高效、便捷的操作环境，以支持不同模式的课堂教学。教学管理工具不仅可以将教学管理的各项工作整合到一起，而且还能方便教师、学生和其他相关人员进行各种教学活动。然而，现代教学管理工具在实际运用中存在诸多不足，需要针对这些问题进行深入分析，并提出改进的方向。

首先从现代教学管理工具的主要功能出发，主要包括课程管理、教学资源管理、学习过程管理、在线评测等，但在实际的使用过程中，面临着一些问题。比如，课程管理中的课程结构设置通常缺少灵活性，难以适应不同课程和教学模式的需求；教学资源管理中的资源共享和利用存在难度，对于大量的教学资源，如何进行有效的管理和挖掘使用，是现代教学管理工具需要解决的问题；学习过程管理的问题在于，如何切实有效地对学习过程进行追踪和分析，如何进行个性化的学习路径推荐等；在线评测的问题在于，如何保证评测的公正性以及评测结果的准确性等。

要解决这些问题，需要从教学管理工具的设计和改进方向着手。一方面，教学管理工具需要进行更深层次的研发创新，通过采用更现代的技术手段和理念，为教育教学提供更为强大的支持。另一方面，教学管理工具需要深度结合教育教学的实际需求，研究和开发出更符合教育教学特点的管理工具。

教学管理工具在设计上应注重用户体验，让其易于使用且富有互动性，同时具备个性化设定功能，可以根据具体课程和教学需求进行定制。同时，教学资源管理中应加强资源共享和协同制作的功能，提高资源的利用率，对于各类资源进

行有效的管理和归类，使教师和学生能够方便找到所需的教学资源。在学习过程管理上，则要加强学习行为的追踪和分析，同时要有针对性地为学生推送个性化的学习路径。例如，一个好的在线评测系统，既要保证题目的多样性和评价的公正性，还要保证反馈的及时、有效。系统需要对每一个学生的学习行为进行实时跟踪，依据学生的学习行为和成绩反馈，进行精准的个性化推荐，这样既能发挥评测的功能，又能帮助学生找到适合自己的学习路径。

综上所述，现代教学管理工具在实际应用中存在的问题主要集中在灵活性不足、资源管理不当、学习过程管理精准度不够等方面。在改进方向上，需要结合教育教学的实际需求，研发出更加合理、科学的教学管理工具。从设计上要更加注重用户体验和个性化，从功能上要加强资源管理和学习过程管理，同时要严格保证管理的准确性和公正性。只有这样，才能有效地将数智化的理念和技术，更好地融入教育教学中，从而提高教育教学的质量和效果，为教师和学生提供更优质的服务。

二、教师技能与教学支持服务的提升

在教育实践中，教师的职业能力与教学质量之间有着千丝万缕的联系。然而，在数智化背景下基于对分课堂的混合式金课的教学过程中，学校和教师面临诸多挑战，如教师的数智化技能不足、教学支持服务还无法全面满足新型教学模式的要求等问题。解决这些问题，需要探讨并实施提升教师技能与教学支持服务的策略。

首先，针对教师数智化技能不足的问题，应从有效的教师培训方式和持续的教师支持政策两方面着手。在教师培训方面，应针对教师的技能情况，设计与数智化技术密切相关的教师培训计划，并结合实践操作给予必要的引导和帮助。在教师支持政策上，可以通过改善教师的工作环境、提供足够的设备资源，以及调整评价机制，激励教师主动积极参与基于对分课堂的混合式金课课堂的教学实践。

其次，在教学支持服务方面，需要建立一个全面、具有针对性的支持系统，以全方位满足教师和学生的需求。这需要引入专门的教学设计师、学习顾问、技术版主等角色，同教师一起参与课程设计，同时保障教学过程中技术的正常运用。此外，还需要建立教学资源库，不仅包括课件、教案、案例、习题库等传统资源，也应收录与基于对分课堂的混合式金课相关的线上教学工具、教育平台等资源。

在提升教师技能上，要鼓励教师进行学习研究和合作交流，以迅速提升教师对新技术、新理念的理解和应用能力；学校也可以通过优化研修内容、方式和环境，创造更有效的专业发展渠道，提供针对性的培训活动。

教学支持服务的提升策略重在系统集成与资源链接。要充分利用现代信息技术，整合各类教学资源，以形成对教师全方位的技术支持。此外，学校内部应建立教学支持中心，专门负责对教师的教学进行辅导和评审，进一步提升课程设计与教学效果。

另外，提升效果的关键还在于策略的执行和落实。学校领导层、教师群体都需要具备明确的目标和动力，只有这样，提升教师技能与教学支持服务的策略才能取得实效。每一位校长和教师都需要充分认识到，数智化背景下基于对分课堂的混合式金课的应用既是机遇，同时也是挑战，可以借助这个机遇提升学校教学质量和教师的专业素养，进一步提升国家的整体教育水平。

总的来说，教师的数智化技能提升与建立健全的教学支持服务系统是我们解决问题、推进教育改革的关键。应该积极探索、持续改进，努力实现教学管理和全方位服务的数智化，从而为实现教育的公平和优质作出实实在在的贡献。

三、学生学习支持服务的优化

在数智化背景下基于对分课堂的混合式金课教学中，学生学习支持服务作为其中一环受到了广大学生和教育者的重视。优化学生学习支持服务不仅可以提升学生的学习效果，也有利于在基于对分课堂的混合式金课教学模式下凸显学生的主体性，构建新型的教学管理和服务体系。下面主要从学生学习支持服务的优化方法着手，深入探讨其在基于对分课堂的混合式金课中的应用和实现。

首先，需要明确学生学习支持服务主要包括学习资源服务、学习辅导服务、学习评价服务和学习情境服务四大部分。这四个方面互相交织，共同构成了学生学习的全面支持。

在学习资源服务方面，可以利用数智化的手段，构建丰富的学习资源库。数字化的教学资源库不仅可以提供丰富的学习资源，而且可以通过科学的分类和索引方便学生查找与使用，有效提升学习效率。同时，通过引入开放教育资源，与其他学校和机构合作分享资源，可以进一步丰富学习资源库。

在学习辅导服务方面，教师应主动为学生提供学习辅导。通过预设学习任务和建立互动反馈机制，及时了解学生的学习情况，响应学生的求助，主动辅导学生解决学习难题。同时，建立互动的在线学习社区，可以鼓励同学之间的互助学习，减轻教师的辅导压力，提升学生自主学习的能力。

在学习评价服务方面，学习支持服务的优化方法主要包括实行多元化的评价方式，以及建立反馈机制。在评价方式上，除了传统的笔试成绩，还应加入学习过程的记录和反思、学习成果的实际应用等多元化的评价指标。另外，教师应提供良好的反馈，及时指出学生的问题和进步，助力学生实现有效的学习。

在学习情境服务方面，优化方法主要是构建情境化的学习环境。例如，提供模拟实验环境，提供真实生活中的学习场景等。通过这些情境化的学习环境，能让学生在实际环境中运用知识，提升知识的实际应用能力。

综上所述，运用数智化手段可以有效提升学习支持服务的品质，加强学生在基于对分课堂的混合式金课学习过程中的主体性。但同时也应注意到数智化资源质量参差不齐、学习辅导方式需要多元化、学习评价存在主观性以及学习情境难以复制等问题，都需要进一步研究和探讨，以期找到更加完善的解决方案。

四、技术支持团队的建设与管理

在基于对分课堂的混合式金课模式中，技术支持团队是一支为教师和学生提供教学技术支持的专门团队，他们的职责可能包括教学软件的安装和维护、网络教学平台的建设和管理、教学资源的采集和整理，还有对信息化教学新技术的应用和推广等。

关于技术支持团队的建设，需要考虑的问题主要有以下几个方面。

首先，团队成员的选拔与培训是非常重要的。这样的团队应该具有较高的专业素质和专业技能，其成员需要具有良好的计算机技术应用能力，能够熟练使用各类教学软件、网络平台和数字媒体制作工具。同时，他们也需要具备一定的教育专业知识和理念，例如，他们需要理解和掌握信息化教学的方法与策略，能够与教师进行有效的交流和合作。

其次，团队内部的组织与管理也是关键。团队成员应该明确自己的职责和任务，形成合理的工作分工。同时，团队内部需要有良好的沟通机制，以便于信息的传递和问题的解决。此外，团队还应该建立起相应的考核和激励制度，鼓励团队成员不断提升自己的能力和贡献。

对于技术支持团队的管理，主要需要考虑的问题是队伍管理和服务管理。

队伍管理首先需要围绕团队目标进行，明确团队的目标是提供高效、高质量的技术支持服务。其次，要注重团队的激励机制，实行业务能力与绩效的挂钩，以此调动团队成员的积极性。最后，应定期通过培训等方式提升团队业务能力，保障服务质量。

在服务管理方面，需要制定一套完善的服务流程和服务标准，这不仅可以提升团队的服务质量，而且可以提高团队的工作效率。服务流程需要详细到每一个环节，如请求接收、问题分析、解决方案提供、问题解决、反馈等环节。每个环节都需要明确的执行标准和时间要求。

总的来说，要建设和管理好基于对分课堂的混合式金课下的技术支持团队，关键在于思维的转变和系统的策略。一方面，教育管理者和教师要认识到技术在教学中的重要角色，以及技术团队在其中的关键位置；另一方面，需要建立起一套科学、完整、详尽的系统来指导技术团队的建设和管理，以便切实提高教学的效率和质量。

五、数据分析在教学管理与支持服务中的应用

数据分析是通过统计和逻辑技术来查看、描述、预测、决策等过程，旨在帮助人们理解真实情况，并据此进行有效决策。在教学管理与支持服务中，数据分析可以帮助厘清教学过程中的各种问题，找出学生学习困难的原因，评估教学方法的有效性，辅助教育决策，并提供个性化的学习支持。

数据分析在教学管理中的应用主要有三个方面。

一是教学过程中的反馈系统，通过实时收集学生学习数据，追踪学生学习进度，及时发现学生学习困难，对教学过程进行微调。

二是教学评价与改进，通过对教学结果的分析，反馈教学效果，为教学改进提供科学依据。

三是个性化学习支持，通过深入挖掘学生的学习数据，提供个性化的学习建议和支持。

在数智化背景下，数据分析的重要性进一步加强。尤其是在基于对分课堂的混合式金课中，该新型模式融合了线上线下两种模式，产生了海量的教育数据，为数据分析提供了丰富的数据源。基于这些数据，学生可以了解自己的学习情况，知道自己的优势和不足；教师可以实时监控学生的学习情况，适时给出反馈与指导；管理者可以通过数据分析，对教学质量进行科学评价，为教学决策提供支持；支持服务机构可以通过分析学生的学习习惯、能力和需求，为学生提供个性化的学习支持。

虽然数据分析在教学管理与支持服务中的应用有显著的优势，但在实践中也存在一些问题，如数据保护问题、数据质量问题、数据利用问题、分析技能缺乏问题等。针对这些问题，需要建立完善的数据保护体系，保障学生信息的安全；对采集的数据进行严格的质量控制，提升数据的准确性和有效性；建立科学的数据利用机制，防止数据的滥用；增加对数据分析技能的培训和提升，提高教师和管理者的数据素养。

数据分析在教学管理与支持服务中的应用，是教育信息化和数智化进程中的重要一环，有着巨大潜力和广阔前景。需要高度重视、积极探索、扎实推进，不断优化教学管理与支持服务，提升教学质量，为学生的成长作出更大的贡献。

六、跨界合作促进教育资源共享与支持服务创新

在数智化背景下，基于对分课堂的混合式金课提升了教育的效率和质量，但其实践过程中也对教育资源的共享与支持服务提出了更高的要求。为了更好地应对这些挑战，必须开始考虑跨界合作，这样可以有效促进教育资源的共享，同时推动支持服务创新，以满足现代教育的需求。

首先，为了能够进行有效的教育资源共享，跨界合作成为一种必然的选择。在过去，教育资源主要依靠学校和教育机构自我创造与使用，这种方式在一定程度上限制了教育资源的使用效率和范围。然而，随着信息技术的发展，教育资源更加便于共享和使用。跨界合作可以使教育资源得到更好的拓展和利用，使更多人可以访问和使用这些资源。例如，教育机构可以与科技公司合作开发教育App，将教学资料、教学视频等资源上传，供所有需要的人使用。科技公司的专业技术可以确保App的正常运行，提供稳定的技术支持，同时还能根据用户反馈，优化教育资源的展示方式和使用体验。另外，学校也可以与公共图书馆、博物馆等机构达成合作，共享各种文化教育资源，为学生提供更丰富的学习选择。

其次，跨界合作也可以推动支持服务创新。虽然现代教育已经实现了数字化和网络化，但由于资源配置、技术应用等方面的问题，各种支持服务仍需要改善和创新。这些支持服务包括教学、评估、学生服务、职业发展等方面。通过跨界合作，不仅可以利用合作机构的专长，提高服务质量，同时还可以打破传统模式的限制，实现真正的创新。例如，可以与专门的评估机构合作，利用其丰富的评估经验和专业的评估技术，可以对学习过程中的各种信息进行深度分析，提供有针对性的反馈，促进个性化教学。也可以与知名企业合作，为学生提供实习、就业、创业等多元化服务，增加学生的实践机会和就业竞争力。

总的来说，跨界合作对于数智化背景下基于对分课堂的混合式金课来说，既是一种挑战，也是一种机遇。通过跨界合作，可以不断拓宽教育资源的来源和使用渠道，同时也可以不断创新支持服务的形式和方法，以更好地满足现代教育的需求。因此，应当积极倡导和实践跨界合作，让教育资源共享和支持服务创新成为推动教育发展的双重动力。

七、面对挑战的持续改进与质量保障机制

持续改进，是指在教学工作中，以学生学习成效为导向，进行反馈、修正，并不断优化的过程。其核心的目标在于提升教学的有效性和学生的学习成效。在数智化背景下基于对分课堂的混合式金课中，由于其特殊的授课形式和授课内容，更需要关注持续改进。例如，通过线上与线下融合的教学方式，可以更精准

地把握学生学习的状态和掌握的情况，从而及时、精准地调整教学策略，达到优化教学效果的目标。

基于对分课堂的混合式金课，不仅面临传统教学的挑战，包括如何确保教学质量、如何增强学生的学习动机等，同时还受到技术、人员配置、学生在线学习能力等多方面的挑战。针对这些挑战，除了需要开展实质性的教学改革，更需要秉持持续改进的原则，不断修正和优化教学效果。例如，为了解决技术瓶颈问题，可以通过持续投入和实践，提升教学团队的技术水平，以满足基于对分课堂的混合式金课的落地需求。而对于学生在线学习能力不足的问题，可以通过持续的学习指导和辅导，提高学生的自主学习和线上学习的能力。

质量保障机制，是以系统化、规范化的方式，保障或提升教学质量的一种机制。在基于对分课堂的混合式金课中，可以通过设立标准、制定手册、记录和分析数据等方式，建立起质量保障机制，同时贯彻持续改进的原则，确保教学质量。例如，对于课堂教学的管理，可以通过制定严格的教学管理制度，规定教师授课的标准、课堂秩序等，从源头上保障教学质量。对于教学成果的评价，可以借助大数据等技术，实现对学生学习行为的精确跟踪和分析，为教学改进提供数据支持。

总的来说，面对数智化背景下基于对分课堂的混合式金课的挑战，关键在于持续改进与质量保障机制的双向推动。一方面，要大胆试错、及时反馈，为教学提供活力；另一方面，也要规范管理、强化制度，保障教学的质量和效果。只有这样，才能在面对挑战时，始终保持教学的活力和质量。

第三节　教师角色转变和专业发展的挑战与对策

一、教师角色在数智化教育中的新定位

在当前数智化教育背景下，教师角色的新定位正逐渐成为教育界的关注焦点。

进入数智化时代，教师的角色与责任正在经历历史性的转变，由传统的知识传授者转变为教育设计师和学习引导者。这种转变并非易事，它带来了一系列的挑战，但同时也为教师的专业发展创造了新的机遇。

首先，需要理解何为数智化教育。数智化教育是以数智化技术为基础，以学生为中心，关注教学过程，强调个性化学习，注重培养学生的创新和实践能力的教育新模式。在这种新模式下，教师的角色定位经历着深刻的变革。

传统上，教师被视为知识的守护者和传播者，他们用娓娓道来的方式把知识传授给学生。然而，在如今的数智化教育环境中，信息和知识以前所未有的方式浸透着我们的生活，学生可以通过互联网随时随地获取信息和知识。因此，教师的角色不再仅仅限于知识传授者，他们需要转变为学习的设计师和引导者，帮助学生找到和理解正确的信息，培养他们的独立思考能力和创新思维，引导他们掌握学习的方法，提高学习的效率。

此外，教师还需扮演教学资源的筛选者和整合者的角色。在海量的教学资源中，教师需要有洞察力和判断力，筛选出符合学生需求和自身教学计划的优质资源，进行有效的整合，为学生提供丰富的学习资源。

同时，教师还需扮演领导者和组织者的角色，在引导学生自主学习的过程中，积极营造良好的学习环境，提供合理有效的学习引导，对学生进行个性化跟踪和关怀，激发学生的学习兴趣和热情。

这种角色的转变既提出了挑战，也提供了专业发展的机会。教师既需要提升自身的数智化技术水平，深化对教育理念和教学方法的理解，更新教学观念，也可以通过专业发展，学习和了解新的教育理念和技术，提升专业素养，以适应数智化教育的发展。

这个转变过程虽然有挑战，但无论是对教师个人还是对整个教育行业来说，都是一个必然且有益的转变。

二、数智化背景下的教师专业能力要求

在数智化背景下，传统的教师角色已经发生了重大的变化。他们由专门把知识灌输给学生，转变为引领学生探索与实践、学习与发展的导师。在这个过程

中，教师不仅要作为专业知识的传授者，更要成为学生的合作者、领导者和发展者。

在这一背景下，教师应具备的专业能力也在发生重大的改变。一般而言，教师的专业能力要求应该从以下几个方面进行理解和探讨。

第一，教师需要具备基础的信息技术技能。在数智化的社会环境中，教师需要运用电脑、互联网进行教学，使用各种教学软件，布置在线作业，利用不同网络资源，进行课堂互动等。

第二，教师需要具备数字媒体的处理能力。例如，进行数字媒体的创作、制作和编辑等，都是教师必须掌握的专业技能。这既包括对图像、视频、声音的处理，也包括对文本和数据的处理。

第三，教师需要具备数据处理和分析能力。在教学过程中，教师需要通过对学习数据的收集、分析和解释，来了解和评估学生的学习进度、学习效果，并据此进行教学设计和教学决策。

第四，教师需要具备线上教学的组织和管理能力。由于信息技术的应用，越来越多的教学活动变为线上进行。教师需要掌握如何组织和管理线上的教学活动、如何激发和保持学生的学习热情、如何处理线上教学中的问题等。

第五，教师需要具备终身学习的素养和能力。面对日新月异的技术发展，教师需要有持续学习和更新知识的意愿与决心。只有这样，才能在信息化背景下，引领学生走向未来。

然而，提升教师专业能力并非易事。不仅需要教师自身的努力，也需要学校、教育管理者和社会的支持。这包括为其提供必要的培训和资源，优化教师的工作环境，增加教师的薪酬，提高教师的社会地位等。

总的来说，在数智化背景下，教师的专业能力要求是多元化、深层次的。只有全面提升教师的专业能力，才能在数智化背景下，实现教育的质量提升和均衡发展。

三、数智化资源整合能力的提升

在数智化背景下，以基于对分课堂的混合式金课为代表的新型教学模式，不仅对教师的专业知识、专业能力和教育理念提出了更高的要求，而且对教师在整合和应用数智化资源方面的能力也有着更为严格的期待。

为了搭建与时俱进的新型教学模式，教师需要提升整合数智化资源的能力。这首先要求教师具备扎实的信息技术、教育技术理论知识；其次需要教师具备实践操作能力；最后还要求教师具备一定的研究素养，能够运用相关理论治理针对具体教学场景的教育问题。

单一的课程资源已无法满足个性化教学的要求，教师必须具备整合资源的能力，包括整合教材资源、网络资源、社区资源等。整合这些资源需要教师熟悉它们的特性和优缺点，理解它们在教学中的作用，了解如何在不同情况下对它们进行选择和组合。为了提升教师数智化资源整合能力，需要做好以下几个方面的工作。一是为其提供系统的专业发展活动。学校和教育主管部门应定期举办教育技术和课程资源整合方面的专题研讨、工作坊等活动，让教师有更多机会与同行们分享经验、碰撞思想，得到专业的反馈和指导。

二是推动全校师生共同参与数智化资源的创作和分享。每位教师都是知识的创造者，他们的实践经验和专业见解都是宝贵的资源。学校应搭建平台，激励和支持教师主动创建数智化教学资源，同时鼓励他们分享和评价他人的资源。

三是引入新的评估机制。评估机制应不仅关注教师的教学结果，而且应关注他们在数智化资源整合方面的努力和成果。这样的评估机制将鼓励更多的教师主动掌握和使用数智化资源，从而提高他们的整合资源能力。

总的来说，教师的数智化资源整合能力对于数智化教学的推进至关重要。这需要从多角度出发，提供系统的学习机会，搭建共享和创新的平台，以及引入关注过程的评估机制等，从而提升教师在数智化背景下的资源整合能力。只有这样，才能在探索新的教学模式的过程中，真正实现教育公平，提高教育质量，为学生提供多元化的学习体验。

四、促进教师持续学习与专业成长

在数智化背景下基于对分课堂的混合式金课中，为应对和适应新的教育环境与变化，教师角色的转变和专业发展变得至关重要，而促进教师的持续学习和专业成长，对整个教育生态的健康发展也有着深远影响。

首先，教师需要具备适应数智化教育环境的能力。因此，强化信息化教育技能培训是提升教师专业发展的有效途径。这包括熟悉和掌握尖端的教学平台、工具软件以及各种数智化教学资源。教师只有了解并掌握了这些知识和工具，才能在基于对分课堂的混合式金课的教学环境中寻找到适合的教学方法和策略，最终实现教师角色的转变。

其次，加强与时俱进的专业知识的学习也是教师专业发展的关键途径。在当前快速变化的教育环境下，教师需要通过阅读专业书籍、参加教育研讨会、观摩优秀教学实践等形式，不断更新教育理念、提升专业素养，以应对基于对分课堂的混合式金课所带来的新挑战。

再次，激发教师自主探索精神和创新能力也是促进教师专业成长的重要路径。要充分尊重和支持教师的教学实践，创造鼓励创新、源源不断自我挑战的环境，培养其实践研究素养，从而提高教学效率和教学质量。

此外，提升教师的教育研究能力同样不可忽视。促进教师参与或启动校本研究项目，培养其开展教育研究的能力，可更好地理解和应对基于对分课堂的混合式金课的教学挑战。通过参与研究，教师能更深入地了解教育，以及如何改进教学，这对于提升其教学能力和继续教师发展至关重要。

最后，要重视教师的情感支持和心理健康。在数智化背景下，教师角色可能面临重大转变，可能会感到压力和焦虑。提供教师之间的相互支持和专业辅导可以帮助他们应对压力，从而使其提升能力，继续发展。

这些途径能够鞭策教师在数智化背景下基于对分课堂的混合式金课的教学环境中，乐于挑战，勇于创新，持续学习，实现专业成长。

五、校园文化与校园制度支持下的教师专业发展

合格的、专业化的教师群体是提升基于对分课堂的混合式金课教学效果的基础，而教师的专业知识能力、教学技巧和职业态度，直接决定了基于对分课堂的混合式金课的教学质量。那么，如何在校园文化和校园制度的支持下推进教师的专业发展呢？其中，校园文化可以说是影响最深远的因素之一。校园文化包括教

学文化、学习文化、行政文化和服务文化等多个方面，影响着教师的教学观念、教学行为以及教育实践。具有鼓励创新、鼓励学习、鼓励反思等特性的校园文化，可以为教师提供一个良好的环境促进其专业发展。

同时，校园制度也是另一个重要的因素。良好的校园制度旨在鼓励并推动教师的专业发展，包括教师专业发展计划的制订和实施、教师成长的评价与激励、教师学术研究的支持等。制度的完善和执行力度，可以影响到教师专业发展的深度与广度。

校园文化和校园制度对教师专业发展的支持，需要落实到具体的实战中。例如，制订具有针对性的教师培训计划，为教师提供基于对分课堂的混合式金课实施的理论知识和实践技能；建立教师教学研究小组，推动教师之间的学术交流和合作，提高基于对分课堂的混合式金课的教学成效；评价制度上打破"一切向分数看"的观念，用多元化的评价方式激励教师的专业发展。

总的来说，教师的专业发展并不是一蹴而就的事情，而是需要长期的、系统的学习和实践。在这个过程中，校园文化和校园制度的作用不可小觑。只有建立健康的校园文化和完善的校园制度，才能真正推动教师的专业发展，从而提高基于对分课堂的混合式金课的教学质量，培养出适应数智化背景的优秀学生。

第四节 学生学习动力和学习自主性的挑战与对策

一、学生学习动力不足的原因分析

学生学习动力是推动学生积极学习、积极思考的关键因素，但也是教育教学过程中面临的一个显著挑战。首先，需要理解学生学习动力低下的发生机制，以便有针对性地提出解决策略。

引起学生学习动力不足的原因通常有多种，如学生对学习知识的兴趣缺乏，教育教学方式的单一，师生间的沟通与互动不足，课程的设置缺乏吸引力，以及教学评价无法准确地反映现实情况等。其中集中反映在以下两个方面。第一，学生学习目标缺失或不明确，导致学习动力不足。学习是为了实现某些目标，如果学生对自身需要达成的目标感到困惑或无法明确，那么他们对学习的动力自然就会不足。第二，学习环境不良，阻碍学生学习动力的提升。良好的学习环境能够激发学生学习的动力；相反，负面的学习环境则会抑制学生学习的积极性。

同时，也需要关注学生个体的学习方式和学习习惯，个别学生可能存在固有的学习问题，比如没有学习计划、缺乏学习技巧以及缺少有效的学习策略等。这些问题同样会影响学生的学习动力，需要教育者在实施教育教学的过程中予以解决。

此外，一些教育者和家长对于学习成绩的期待压力过大，也会对学生形成巨大的心理压力，从而影响其学习的积极性。同时，学生未能从学习过程中感受到快乐，学习没有趣味性，也会降低学生的学习动力。因此，需要在教学设计中兼顾知识的传授和学习乐趣的激发。

针对上述情况，在未来的基于对分课堂的混合式金课研究中需要积极探索与实施，使学生的学习变得有目标、有意义、有乐趣。通过加强与学生的交流，理解学生的需求与困难，用实际行动激发及保持学生的学习动力。同时，通过优化教学方式和教育环境，创新教学方法，让教育教学真正做到以学生为主体，以提升学生的学习动力和自主性为目标。

在数智化背景下，可以运用更加先进的教育技术和教育思想，如人工智能、学习大数据、个性化学习等，提供更智能、更贴心的教育服务，以实现学生学习动力的提升。未来的教学研究，将是旨在通过深化教育教学改革，着力提高学生的学习动力，进一步提升学生的综合素质和能力。

总的来说，学生学习动力不足的问题一直存在，但在数智化背景下，有更多更有效的工具和机会，去透彻地分析和解决这一问题。因此，需要将视野转向学生，寻找学生学习动力不足的真正原因，然后根据这些原因，寻找最有效的解决方案，以实现提高学生学习动力的最终目标。

二、设定符合学生兴趣的学习任务

在教学过程中，设置符合学生兴趣的学习任务不仅可以激发学生的学习动力，更可以培养他们的学习自主性，特别是在数智化背景下基于对分课堂的混合式金课中，这个策略的价值和意义更为明显。

首先，必须认识到，每一个学生都是具有个体差异的独立个体，他们有着各不相同的兴趣点。而兴趣是一种个体倾向性的心理现象，它对学生的学习有着巨大的影响。常言道，兴趣是最好的老师，也就是说，兴趣可以引领学生更加积极地去学习，更有热情去探索和实践。因此，学习任务的设定应尽可能地与学生的兴趣相结合，使学生在完成任务的过程中，找到学习的乐趣，增强自主学习的动力。

当然，设定符合学生兴趣的学习任务，并不意味着放任学生随心所欲地去做他们喜欢的事情，而应遵循一定的原则。首先，学习任务应该与课程的学习目标相符合，避免偏离了学习的主线。其次，学习任务需要有一定的难度和挑战性，使学生能在挑战和克服困难的过程中，提升自我能力，感受到从困难中取得成功的喜悦。最后，学习任务应有趣味性和实践性，尽量避免让学生觉得枯燥无味或者与实际生活无关。

那么，在数智化背景下基于对分课堂的混合式金课中，如何设定符合学生兴趣的学习任务呢？这就涉及教材的开发和教学设计，教材内容的设置、教学方式的选取等应能吸引学生，同时既有系统性又有选择性。比如，可以通过媒体、游戏、动画等形式，让学生在有趣的、愉悦的感觉中学习新的知识；在可能的情况下，可以让学生自己选择学习的内容和方式，给他们更多的自主权；可以利用数智化技术，匹配每个学生的学习进度和习惯，以最合适的方式呈现知识，使其更好地理解和掌握知识。

与此同时，还需要关注学生的学习反馈，及时调整学习任务和方式。如果发现一些学生不热衷于探索，可能就是因为任务的难度超出了他们的能力范围，或者任务设计不够吸引他们，这就需要及时调整。

综上可知，设定符合学生兴趣的学习任务，有助于激发学生的学习动力，提升他们的学习自主性，对于实现教育的个体化和人性化，具有重要的意义。但其实践过程还需要教育工作者的细心观察、有效反馈和不断调整，以取得理想的教学效果。

三、利用数智化技术激发学生学习兴趣

科技为我们敞开了一扇通向网络世界的大门，为我们的生活注入了无限的可能。在数智化技术迅速发展和广泛应用的今天，已然对教育领域产生了深刻的影响。一个显著的变化就是，教育者开始寻求如何用数智化技术激发学生学习兴趣。

数智化技术的驱动力主要在于其为学习提供的新的可能性和机会。传统上，教育和学习往往是被动地、单方地进行的。然而，数智化技术的崛起，则使得教育和学习变得丰富且活跃起来。一方面，丰富的学习材料和资源可以在互联网上无障碍地获取，使得知识的获取不再受到时空的限制；另一方面，学习过程可以由学生自己来掌握，使得他们可以在学习中能够充分地发挥自主性，更好地发掘自己的兴趣和潜能。

如何利用数智化技术来激发学生的学习兴趣呢？可以从以下几个方面着手。

（1）尖端科技的引入。可以引入尖端科技，如虚拟现实、增强现实等，使得学习过程变得更加生动有趣。通过这些科技，可以把抽象的理论知识"实物化"，使得学生能够直观地理解，从而激发他们的学习兴趣。

（2）个性化的学习路径。可以利用大数据与智能算法，为每个学生量身打造一条个性化的学习路径，让他们按照自己的兴趣和能力，自主、高效地学习。

（3）数字游戏化学习。可以采用数字游戏化的方法，让学习变成一种有趣的、富有挑战性的游戏，从而激发学生的学习热情。

然而，数智化技术在激发学习兴趣的过程中，也面临着一些挑战，如技术使用的困难、知识的正确引导、个体差异的处理等。

对于这些挑战，可以采取如下策略。

（1）技术的普及和培训。鼓励学生、教师以及家长使用科技设备和平台，同时提供必要的培训，以解决技术使用的困难。

（2）知识引导的机制。确保学生在掌握科技的同时，也能对知识有正确的把握，避免沉迷于数字化工具之中。

（3）个性化的关注。针对个体差异，提供个性化的服务和支持，以确保每个学生都能从数智化技术中受益。

总的来说，数智化技术为教育提供了新的、强大的工具，可以有效地激发学生的学习兴趣。但是如何正确、与时俱进地使用这些工具，仍需要教育者不断努力探索，为学生的全面发展提供充足、富有温度的精神食粮。

四、增强学生参与感与成就感

在数智化背景下基于对分课堂的混合式金课的实施过程中，如何增强学生的参与感和成就感，是值得深思的一个问题，因为在课堂教学中，学生的主体地位和学习的积极性是非常重要的。

首先要明确的是，这里所说的"参与感"，是指学生在课堂学习过程中，在良好的校园文化环境中，对于知识内容的理解、消化，以及对于问题的发现和解决，能够以一种积极的态度参与其中，感受到自己是被尊重和被重视的一种感觉。"成就感"则是学生对于自身学习成果的认可和满足感，是对自我价值的积极肯定，也是激励学生持续学习的重要动力。

那么在基于对分课堂的混合式金课中，如何操作才能强化学生的参与感和成就感呢？

首先，激发学生的学习兴趣。学生的学习兴趣是他们积极参与课堂的基础，只有先有兴趣才能产生乐趣，在学习的过程中找到属于自己的快乐，因此在设计课程时要注重挖掘学生的兴趣点，尝试引导学生从多角度、多领域接触知识，激发他们的好奇心和探索欲，让他们在参与过程中体验到乐趣，从而激发他们的学习热情。

其次，构建合作学习社区。基于对分课堂的混合式金课强调的是集体合作和个体发展并重，学生在课堂中不再是孤立的个体，通过小组学习、讨论交流等方式，不仅能够进行深层次的学习和认知，还可以提升沟通能力和团队协作能力，并且，在团队共同解决问题的过程中，学生会获得更多的参与感和成就感。

再次，打造有反馈的学习环境。及时的、有建设性的反馈是强化学生参与感和成就感的重要一环，无论是教师对学生的反馈，还是同学之间的评价反馈，都便于学生明晰自己的优势和不足，调整学习策略，使学习活动能得到有效的支撑和助力。反馈给予学生认知和情感上的反响，能有效地推动学生的信息处理，有利于学生及时修正错误，增强自我效能感，提高学习成效。

最后，建立个性化的学习路径。每个学生的学习能力、学习习惯、学习风格都有所不同，因此应该尊重并保存学生的学习差异，实施个性化教学，帮助每个学生制订个性化的学习计划，满足学生多元化的学习需求，让学生能够在个性化的学习路径上自我驱动，找到适合自己的学习节奏和方法，提高学习效率，增强个体的参与感和成就感。

总的来说，在基于对分课堂的混合式金课环境中，增强学生的参与感和成就感是一个动态过程，需要教师从激发学生的学习兴趣、构建合作学习社区、打造有反馈的学习环境和建立个性化学习路径等多方面入手，以此来提升学生的学习动力和自主性，使其能参与到全过程的学习活动中，实现其个体价值。

五、培养学生自主学习的能力

在当今的数智化背景下，鼓励学生自主学习是推动基于对分课堂的混合式金课效果最大化的关键环节之一，因为这种学习形式深度融合了线上线下、自主学习与协同合作、教师指导与学生实践等多种要素。培养学生的自主学习能力，对于激发学生的学习热情、提高学生的学习效率、优化教学环境有着至关重要的作用。

首先，要明确自主学习的定义，也就是学生在老师、课本、环境等外部条件的影响下，自我寻找、分析、解决问题的过程。在这个过程中，学生是学习的主体，拥有独立思考、自我发展的权利，而教师则扮演引导者和助推者的角色。自主学习是教育的重要目标，也是个体发展的必要条件。在数智化背景下基于对分课堂的混合式金课中，自主学习的位置更为突出。提升学生自主学习能力，首先需要明确其学习的目标。教师需要为学生设定明确、具体、可衡量的学习目标，帮助他们了解学习的方向和要求，从而产生起强烈的学习动力。同时，重视学生的兴趣爱好，让他们在关注学习成绩的同时，也能充分发展个人特长，沉浸在愉快的学习氛围中。

其次，需要培养和强化学生的学习技能。面对不同的学习内容，学生需要掌握的技能也有所不同。因此，教师需要有针对性地传授学生合适的学习技巧，例如，如何提炼主题，如何把握关键信息，如何进行有效记忆等。同时，教师还应当教授学生一些跨学科的学习技能，如批判性思考、解决问题的策略、时间管理技巧等。

再次，激发学生的求知欲，让他们知道学习的重要性和意义。教师需要给学生展示学习的成果，告诉他们努力学习的收获，培养他们对于新知识、新技能的渴望。同时，鼓励学生积极地探索和创新，为他们提供各种资源和工具，支持他们自我学习。

最后，需要建立有效的评价机制，以反馈学生的学习成果，以激励学生的学习动力。这种评价不仅要注重知识的掌握程度，还要注重过程和技能的表现，以及学生自我认知和情感态度的变化，从而全面、客观地反映学生的学习情况。

总的来看，培养学生自主学习的能力，是一个系统性的项目，涵盖了学习目标的设定、学习方法的运用、学习动机的激发、学习成果的评价等各个环节，需要用心去做。随着新技术的发展，数智化背景下基于对分课堂的混合式金课定能发挥更大的作用，更好地实现教育的宗旨。

六、引入游戏化学习方法

游戏化学习即运用游戏化的原理和技术来改善学生学习效果的一种教育形式。它借鉴了游戏群体的动力系统，通过增强学习的吸引力和互动性，解决传统教育中学生学习动力不足、独立思考能力弱等问题。

游戏化学习的核心之处在于，将学生置于主体地位，使他们在解决问题的过程中能够自主思考、赋予学习以意义。在充满挑战和乐趣的游戏环境中学习，可以极大地激发学生的学习主动性和创新精神。同时，让学生在实践和探索中掌握知识和技能，进一步拓宽他们的视野。

那么，如何将游戏化学习引入数智化背景下基于对分课堂的混合式金课呢？

首先，需要对所教的知识内容进行游戏化设计。具体来说，可以根据知识特性，设计各种有趣的游戏场景和情境，如模拟交易、虚拟实验研究等，使学生可以在游戏中获得知识，并切实地运用所学知识。

其次，需要营造一个背景丰富、互动性强的学习环境。在游戏中，失败并不意味着结束，而是提供了新的挑战和机遇。教师可以通过设计不同难度的任务和悬赏机制，鼓励学生积极参与和探索不同的解决方案，增强他们的学习动力。

此外，还可以运用数字化工具和平台，如学习管理系统、社交媒体、学习社区等，进行在线协作和竞赛。这些平台可以让学生在游戏中实现自我学习和自我验证，提升他们的自主学习能力。

游戏化学习不仅仅是注入乐趣，更是通过一种更加人性化、更具动力的方式对学习过程进行改造。学生在游戏化环境中的学习体验，可以帮助他们构建对知识的深层理解，并将知识运用到实际问题的解决中。

然而，游戏化学习尽管具有许多优势，但并不是一种灵丹妙药。同样需要教师的引导和调整，以及对学生学习态度和能力的反馈与评估。需要教师根据学生的学习兴趣和能力，进行因人施教，让每个学生都能在游戏中找到自我、挑战自我，而不是仅仅为了游戏而游戏。

七、建立定期反馈与正面激励机制

建立定期反馈与正面激励机制是基于对分课堂的混合式金课实施过程中关键的一环，它旨在提高学生的学习动力及自主性，以适应新型教学模式下的学习环境。

为了建立定期反馈与正面激励机制，首先，必须尊重并理解学生具有学习动力及自主性的重要性。在基于对分课堂的混合式金课模式中，学生需要在网络上独立完成大部分学习任务，这就要求他们具有高度的学习动力和自主性。而随着个性化教育的推进，自我调节学习的能力成为衡量其学习效果的重要标准。因此，如何在基于对分课堂的混合式金课中提高学生的学习动力和自主性，已成为教学改革的一大难题。

定期反馈是提升学生学习动力及自主性的重要手段。教师的及时与有效反馈，能强化学生对学习成果的认知，动态调整和优化学习策略，从而达到提高学习效果的目的，增强学习动力。定期的反馈可以帮助学生解决疑惑，使他们在探索问题解决方式的过程中不会感到无助和迷茫。同时，定期反馈还能有效提高学生的自主学习能力，让他们能在教师的引导下主动学习。

正面激励机制的建立是为了进一步提升学生的学习动力和自主性。正面激励主要是引导、鼓励和奖赏学生的学习行为，通过合理制定奖惩标准，使得学习行为得到积极的反馈，进而激发学生的学习动力。在建立正面激励机制时，应参考诸多心理学理论，匹配学生的实际情况进行调整，并根据学生的积极反馈进行调整和优化。

在实施的过程中，教师应进行定期的学习动态反馈，例如通过线上平台实时追踪学生的学习状态，定期指出他们的学习亮点与不足，让他们在前人的鼓励与指导中找到学习的动力和方向。同时，设立以任务导向为主的学习任务，把中心放在学生身上，让他们在完成任务的过程中提高自我管理的能力和学习能力，进而激发他们的自主学习欲望。

在建立正面激励机制时，教师可以根据学生的学习特点，设计和设置各种积极的激励措施，包括积分、荣誉、成绩进步等，使之成为自我提升的动力源。并结合学习情况定期进行激励，例如适时给予优秀学员以表扬和奖励，使他们感受到学习带来的满足感和成就感。同时，通过对表现不好的学生施加一定的压力，促使他们自我调整学习策略，提高学习效率。

总的来说，建立定期反馈与正面激励机制是提高学生学习动力与自主性的重要手段，需要教师在实践中不断探索最适宜学生的教学方式和激励策略，以达到提高学生在数智化背景下基于对分课堂的混合式金课的学习效果。

第七章

数智化背景下
教育技术的伦理与法律问题探讨

第一节 教育技术带来的伦理挑战与应对策略

一、教育技术发展中的伦理困境

教育技术的发展是现代化教育的必要且必然之路，然而在这场未知的研究进程、创新之旅中，教育技术发展中的伦理困境正在形成并引发了越来越多的关注与思考。这些伦理困境涵盖了教育公平、个人隐私保护与数据安全、知识产权、对教育技术过度依赖等一系列问题，并对教育技术的可持续发展造成了重大影响。

首先，教育公平问题是教育技术发展过程中长期存在，也是最为人们所关注的伦理问题。教育技术虽能有效扩大教育资源的分发范围，提高教学效率，但其天然的"数字鸿沟"问题可能使教育资源不均等问题进一步加剧。直观来看，经济条件相对较好的地区、个人更容易获取并使用教育技术，即享受到教育技术带来的便利与效能；相反，经济条件相对较差的地区、个人则可能面临设备短缺、技术运用能力不足等问题，导致无法享受到教育技术的福利，甚至使其在教学水平上与技术先进地区形成差距。

其次，个人隐私保护与数据安全问题是教育技术发展的又一大伦理难题。教育技术在收集学生信息、分析学习行为、个性化推荐教学内容等方面展现出强大的能力,但其在学生信息的收集与使用过程中,无疑会涉及学生的个人隐私。例如,一些教育应用在收集学生数据时常常过于宽泛,不仅收集与学习直接相关的信息,甚至对学生的生活习惯、人际交往等内容进行获知,严重侵犯了学生的个人隐私。

再次,知识产权问题也是教育技术发展中不容忽视的伦理问题。伴随着大数据、人工智能等技术的快速发展及应用,如何保障原创教育内容的权益,避免非法复制、篡改,成为教育技术需要面对的一大问题。此外,一些教育技术产品通过配置已有的教育资源,为学生提供个性化的教学方案,那么这些产品是否对原始教育资源有某种程度的侵权,亦引发了学界的关注与争议。

最后,对教育技术过度依赖问题不容忽视。随着一些学校,甚至整个社会对教育技术的过度追求,曾经的一种辅助教学工具可能变成一种必备的教学条件。过度依赖教育技术可能会导致学生失去面对面交流和社交的能力,更严重的是,可能会降低教师的教学热情与创新性,将教师的角色边缘化。

总的来说,教育技术的发展是一把双刃剑,既为教育带来了巨大改变,也给教育伦理提出了重大挑战。阐明并解决这些伦理问题,是教育者应当全力以赴的重大任务。为了能更好地推动教育技术的发展,要进行深入思考,积极应对这些伦理挑战,倾听社会各方的声音,不断修正发展方向,以夯实教育技术在未来的坚实基础。

二、智能技术在教育中的偏见和不公平问题

在教育科技的应用中,智能技术被广泛采用,使教育活动更加便捷、高效。然而,智能技术在教育中的不公平问题,亦开始逐步浮出水面,引发了教育者、科技从业者和相关政策制定者的反思。

首先,是智能技术在教育中的偏见问题。智能技术在教育中的偏见主要体现在两个方面:一是技术本身的偏见,二是使用技术的人的偏见。智能技术本身的偏见源于算法设计和学习样本的问题。如果算法设计者对某一群体有先入为主的偏见,或者学习样本无法全面、公正地代表所有学生群体,都可能导致智能技术

表现出偏见。更为严重的是，由于很多用户缺乏对智能技术背后机制的理解，这种偏见可能不被察觉，而在教育活动中潜移默化地影响学生。

其次，是智能技术在教育中的不公平问题。智能技术在改变教育形态的同时，也可能带来新形式的教育不公平。使用智能技术的教育者也可能对技术有过于乐观的期待，忽略了其所有可能引发的问题，而这种乐观偏见可能排除了对教育公平性的审视。可能的问题有三点：一是技术资源的不公平，在部分地区，学生可能无法获得必要的设备和网络环境，而当教育活动更多地依赖智能技术时，他们可能被边缘化；二是技术接入的不公平，即使有了技术资源，由于教师和学生的技术素养差异，也可能出现无法有效利用智能技术的情况；三是智能技术的应用可能进一步加剧教育结果的不公平，智能技术由于可以提供个性化教学，对于有更多资源、更好自我学习能力的学生，可能会受益更多，反而扩大了教育的鸿沟。

那么，如何应对智能技术在教育中的偏见和不公平问题呢？首先，需要警惕技术决定论的陷阱，意识到技术需要根据具体环境因地制宜。其次，政府和教育机构需要建立健全相关法规，保障技术公平、公正地使用。最后，也需要对教师和学生进行科技素养的提升，使他们能够理解和批判地使用智能技术。这需要一场全社会的努力，需要不断适应和反思。

三、个人隐私保护与数据安全问题

在数智化背景下，教育技术发展迅速，为现代教育提供了前所未有的可能性和便利性。然而，这也带来了新的伦理挑战。在感性的教育环境中，数据的流动和处理显得尤为重要，个人隐私保护与数据安全就是重要的伦理问题。

个人隐私指的是个体对自己的个人信息、行为与表现进行自主控制的权利。这种权利包括自主选择个人信息的公开程度和范围，保障自己的生活不受非法侵犯。而数据安全则基于个人隐私，指的是与个人相关的数据的完整性、可用性和保密性。

在数智化的教育环境中，个人隐私保护的问题主要体现在两个方面。一方面，教育技术通过各种手段，包括在线学习平台、人工智能等，大量收集和处理学生的行为数据，这在一定程度上侵犯了学生的隐私权。另一方面，在数据的保存和传输过程中，如何避免数据泄露和被误用，保障数据安全，同样是教育技术面临的重大挑战。

面对这些伦理挑战，需要有应对策略。首先，需要明确数据收集和使用的范围与限度。用于教育目的的数据收集，必须得到学生及其家长的明确同意。此外，数据的收集和使用应有明确的范围，不得随意扩大范围或者用于其他目的。

其次，需要加强数据的安全保护。这主要包括三个方面：一是数据传输的安全，应使用加密等技术保障数据在传输过程中的安全；二是数据的存储安全，应有明确的数据保存政策，并使用通过认证的数据中心保存数据；三是数据的使用安全，应明确使用数据的权限，避免非法使用或者误用数据。

最后，教育机构应采取更加前瞻性的伦理框架。应建立起完善的伦理审查制度，并定期对教育技术进行伦理评估，以预防潜在的伦理危害。同时，也要积极引导学生树立正确的数字公民素养，自我保护个人隐私。

总的来说，个人隐私保护与数据安全是数智化背景下教育技术的重大伦理挑战。要解决这个问题，需要有明确的数据收集和使用原则，加强数据安全保护，并建立前瞻性的伦理框架。只有这样，才能在保障教育服务质量的同时，保护学生与教师的个人隐私，实现真正的数智化教育。

四、学生和教师的权利与责任

在数智化背景下，教育技术的运用引起了众多的伦理遗憾和挑战，其中也涉及学生和教师的权利与责任问题。

教育技术的引入不仅改变了教师的教学方式，也极大地拓展了学生的学习空间，为学生创造了更多的学习机会和更好的学习条件，但也对学生的权利与责任提出了新的要求。在权利方面，学生在网络学习环境下享有知识产权、隐私权、学习权、表达权等基础权利，这是受到法律保护并需要学校和教师尊重的。而在责任方面，学生不仅要承担起学习的责任，积极参与到学习中，同时还需要保护自身的权利，不滥用网络平台与其提供的各类资源，维护良好的网络环境。

同样，在数智化背景下，对于教师的权利与责任也提出了更高的要求。教师除了需要保障和尊重学生的各种权利外，更需要引导学生合理使用教育技术，对学生的学习进度和学习状态进行精细化管理。此外，教师也需要尊重并保护自己的合法权益，包括教育尊严、知识产权等，教师的权益保障是确保教育质量的重要一环。同时，教育技术的使用也使得教师的责任更加繁重，教师需要在教学中兼顾网络安全和伦理问题，提高教育技术的应用能力。

但是，在数智化背景下，学生和教师的权利与责任之间还存在着一定的冲突及问题。例如，教育技术可能带来的学生隐私权受侵害的问题、网络环境下的学生权利保护问题，以及教师在教育技术应用中的责任辨识问题等。解决这些问题需要全社会的努力，需要在完善法律法规的同时，提高学生和教师的网络素养与法治观念，建立健全的伦理道德制度。

数智化背景下的教育技术应用是一把双刃剑，既能带来便利，也可能带来问题。在享受其便利的同时，也要清醒地看到其中的挑战和问题。学生和教师的权利与责任是需要重视并深入研究的重要主题。要明确保障学生和教师的权益，强化他们的责任意识，以让教育技术在数智化背景下发挥其应有的作用，引领教育走向更好的未来。

五、技术依赖对学生学习能力的影响

在数智化的背景下，教育技术已经融入了日常的教学活动中，并在很大程度上改变了学生的学习方式。但一个不可忽视的现象是，越来越多的教育者开始依赖技术，他们无法在没有技术的情况下进行有效的教学活动，这就是技术依赖。技术依赖必然会对学生学习能力产生影响，其主要表现如下。

首先，技术依赖可能会削弱学生独立思考的能力。鉴于大量的网络资源、在线教育平台的普及，学生在学习时越来越多地依赖各类技术。他们可以直接搜索答案，甚至利用人工智能完成作业，而不用自己去思考，这样长期下来，会导致学生失去独立思考的能力。

其次，技术依赖可能会损害学生的注意力。网络学习虽然便利，但其内容多样化、吸引力强大，可能会分散学生的注意力，导致他们无法专心学习。

最后，技术依赖可能使学生在社交技巧、人际沟通等方面的能力下降。因为他们习惯了利用技术平台交流、摄取信息，而不适应现实生活中的社交环境。

因此，有必要对技术依赖提出应对策略。

首先，要树立正确的教育观念，明确技术仅仅是手段，而非目的。对于技术的运用是为了更好地服务教育，而不能忽视或完全替代传统的教学方式。同时也要注重培养学生的自我学习能力和独立思考能力，使他们能独立解决问题。

其次，要合理应用和控制技术。学校和教师应根据教学任务与学生的特性，选择合适的教育技术。同时，也应合理控制学生使用电子产品的时间和方式，防止其学习和生活受到干扰。

最后，应设法在当前的教育系统中融入社交、沟通等非技术性的元素，以保证学生在这个过程中能全面发展，增强人际交往能力。

数智化教育带来许多便利，但不能忽视技术依赖带来的问题。只有通过全面了解和认识技术依赖，才能更好地使用和控制技术，使其真正为教育服务。在这个过程中，需积极寻找和实践新的教育方式，与教育技术和传统模式有效结合，既发挥教育技术的优势，又能培养学生全面的学习能力。

六、伦理挑战的应对策略与实践案例

在教育技术的使用和实施过程中，伦理挑战的存在无疑带来了一系列值得深思的议题。具体地说，这些问题可能涉及隐私权、数据安全、信息公平，以及对技术的依赖性等方面。那么，面对这些挑战，又该如何应对和实践呢？

一个可行的策略是建立全面而且健全的隐私保护政策。这不仅需要确保所有教育数据的收集、存储和使用都有明确的规则和原则，而且要鼓励学生、家长和教师理解并参与到保护个人隐私的行动中来。此外，就信息公平性来说，应促进教育技术的均衡发展，减少数字鸿沟，这既包括硬件设备的普及问题，也包括教育资源的公平获取问题。针对对技术过度依赖的问题，应提倡理性、适度使用教育技术，强调互动、实践和人文素养等教育的重要性。

在此以某知名在线教育平台就隐私政策进行修改的案例为例。在用户反馈私人隐私被滥用的问题后，该平台立即调整了其隐私政策，明确指出会对哪些数据进行收集、如何保护这些数据，以及不会未经用户同意就使用这些数据。该平台还开设了相应的讲习课，向教师和学生解释隐私权是何物，如何保护自己的隐私。这一措施大大提高了用户对其信任度和满意度。

再如，上海市中小学在继续推进信息化教学的同时，为减少学生对电子设备的过度依赖，积极推广"离线课堂"，鼓励老师利用纸、笔、书本等传统教学用品去指导学生学习。此举使得学生在享受科技带来便利的同时，也能掌握与电子设备无关的学习和生活技能。

通过这两个案例可以看到，在数智化教育背景下，教育技术的伦理挑战与应对策略不应只是一种理论上的讨论，而是与教育实践息息相关的现实问题，需要以开放、积极的态度去面对，并积极寻找解决之道。

第二节 教育技术应用中的法律风险及其规避

一、教育技术应用中存在的法律风险

在数智化背景下，教育技术的应用并非能全然放开无须控制，而是要在法律法规的框架下进行，否则，一旦脱离了法律的约束，过度依赖教育技术甚至可能带来严重的后果，形成无法挽回的法律风险。

首先，个人隐私保护问题是教育技术应用中的重要法律风险。在教育技术环境下，学生的信息被大量采集，并通过算法进行分析，以优化教学过程和效果。然而这种大数据和算法驱动的教育方式，涉及大量的个人信息和隐私。如果这些信息被非法获取或者滥用，可能会对学生的权益造成致命的损害，它不仅会带来相应的伦理问题，也会有相关的法律风险。例如，某些教育机构在没有得到学生或其家长同意的情况下，擅自收集、传播学生的个人信息，这种行为就触犯了《中华人民共和国个人信息保护法》，将会承担相应的法律责任。

其次，知识产权问题也是教育技术应用中的一个敏感法律风险点。许多教育技术应用涉及大量的教学资源和内容，包括教材、案例、题库等。虽然互联网的

普及使教育资源的获取变得方便，然而，在这个过程中，教育技术应用有可能带来无意间的知识产权侵权行为。例如，抄袭别人的教学设计、未经授权使用版权教材等，这都可能带来知识产权相关的法律纠纷。

最后，人格权问题也要被慎重对待。教育技术所带来的个性化和精准化教学有助于提高教学效果，但也可能给学生带来压力，影响其尊严和自尊。例如，过度强调评价、过度追求效率可能对学生形成外部压力，影响其自主学习的热情。尤其是针对未成年人，更应重视对其人格权的保护。

如何应对这些法律风险呢？教育工作者和教育技术开发者都需要增强法律意识和风险防范意识，不断学习和了解与教育技术相关的法律法规；同时，也需要完善相关的法律制度，加强对教育领域的法治建设，包括建立和完善教育技术应用的法律规定，配套完善教育数据保护、知识产权保护等方面的法律法规。只有这样，才能在享受教育技术带来便利的同时，最大限度地防范法律风险，确保教育公平，最大限度地保护学生的权益，引导教育技术走向更健康的发展道路。

二、个人隐私保护相关的法律问题

教育技术在推动教育信息化、智能化进程的同时，也带来了一些法律风险，其中最为关键的便是个人隐私保护问题。在数智化背景下，如何有效地保障个人隐私安全，对教育技术的应用提出了新的挑战。

个人隐私保护的重要性不言而喻。在人权所涵盖的基本权利中，保障个人隐私权的地位至关重要。除此之外，个人数据的泄露和滥用，还可能导致信息被非法获取和分析，给信息所有者带来一系列的经济或者其他方面的损失。在教育领域也是如此。如果学生的数据被非法获取，那么他们的个人信息、学习成绩甚至家庭状况等都可能被任意公开，这对学生和家长都是一种极大的伤害。为了避免这种情况发生，需要清晰地理解并遵守法律法规，定期检查和修正数据保护措施。

根据《中华人民共和国网络安全法》和《信息安全技术——个人信息安全规范》，教育机构在处理个人敏感信息时，必须获取数据主体的明示同意，并明确告知数据主体所收集信息的目的、使用方式和范围，获得其同意后才能进行收集和使用。同时，教育机构还需要对所收集的个人信息进行安全保护，防止数据泄露或者被恶意使用。教育机构应该制定更加严格的数据管控政策，加强内部员工的网络安全意识，减少因操作失误造成的数据泄露。以上这些，都需要教育机构尽职尽责，明确数据保护的责任，严肃认识到数据泄露可能带来的严重后果。

三、知识产权与教育内容的版权问题

在教育技术应用的广泛领域中，对于知识产权与教育内容的版权问题，从根本上决定了教育技术应用的道德层面。

知识产权，在法律中，指的是具有商业价值的独特创造性成果的非使用权。它是一种广义的概念，其中包含了各种独特的知识成果，如发明、创新、设计、作品、商标和艺术变现等。教育内容的版权问题则更为具体，主要针对在教育应用中所使用的各类版权作品，包括电子书籍、课程资料、教学视频、互动软件、试题库等。

在知识产权的视角中，教育技术应用的严重问题之一是各类资源的非法使用。由于教育应用所涉及的知识广泛、种类繁多，很多教育工作者在创作教育内容时，误入了侵权的误区，他们可能以为，只要未做商业用途，就可以使用任何形式的材料。但其实这已构成了侵权行为。

进一步说，教育内容的版权问题是知识产权的一个重要方面。任何一种形式的原创教育内容，无论是图书、期刊、研究论文，还是教学视频、PPT、课件等，其创作者都是享有版权的。这意味着未经原作者同意，不得进行复制、传播、展示等。同样，现在广泛应用的大规模在线开放课程和其他各类网络学习资源，虽然为大众提供了便利，但也必须尊重其版权，未经原作者授权，不能随意复制、转载。

制定适当的法律法规，是保护知识产权、解决教育内容版权问题的有效手段。然而，只靠法律法规并不能从根本上解决问题，必要的法律法规教育和责任意识的弘扬也是必不可少的。培育尊重他人知识产权的文化，鼓励并保护原创教学内容，帮助教育从业者和学习者明确什么是可以使用的、什么是需要遵循版权协议的，才是探讨教育技术应用中知识产权与教育内容版权问题的根本途径。

四、在线教学平台的合规性要求

在教育技术的不断进步和在线教学平台的广泛应用中,平台的合规性要求越来越受到关注。就在线教学平台的合规性要求来说,不仅需要关注相关的法律法规,还要关心道德伦理和实际操作等多个方面。

首先,从法律法规的角度来看,在线教学平台需要遵循的法律非常多,涉及教育法、消费者保护法、著作权法、网络安全法、数据保护法等。比如,根据我国的教育法,教育是全社会共有的责任,任何单位和个人不得妨碍公民的学习权利。这就要求在线教学平台要为所有学生提供平等的学习机会。再比如,根据消费者保护法,消费者有权获得安全的服务,这就要求在线教学平台要保证学生的人身和财产安全,不得以任何形式侵害学生的合法权益。再如,根据著作权法,教材的作者具有对其作品的独占权和其他权益。这就要求在线教学平台在使用教材时,必须尊重并保护作者的知识产权。

其次,从道德伦理的角度来看,在线教学平台还需要遵循一些基本的道德规范。比如,平等原则、认识原则、尊重原则等。平等原则要求在线教学平台提供公平的学习环境,不因为学生的性别、年龄、社会地位等差异而区别对待。认识原则要求在线教学平台提供真实、准确的学习资料,不得以任何方式误导学生。尊重原则要求在线教学平台尊重学生的人格,在学习过程中尊重学生的个人选择和独立思考。

最后,从实际操作角度来看,在线教学平台需要采取一些具体的措施来保证合规性的要求。比如,对于教育内容的选择,需要根据相关教育学理论,以及国家学科标准,进行科学的设计和规划。对于个人数据的保护,需要实施严格的数据管理和安全策略,以防止数据泄露。对于学员反馈和投诉的处理,需要建立健全的服务机制,及时响应和处理。

在整个在线教学平台的运营过程中,只有始终以学生为本,服从教育的本质,尽最大可能保障学生的学习权益,才能真正做到合规运营。同时,也要密切跟踪法律法规的更新,以及教育科技的发展,不断调整和完善管理方式,努力做到合规运营,为学生提供优质、高效、安全的学习服务。

五、跨境教育服务的法律挑战

在数智化背景下，传统的教育模式正在经历前所未有的变革。其中，跨境教育服务不仅能够消除地域限制，让全球范围内的学生都能共享优质教育资源，同时也使我国的教育机构有机会向国际市场扩展。然而，此类服务的运营中却伴随着许多法律挑战，关系到个人隐私保护、知识产权、服务质量保障、教育平等等问题。

首先，从个人隐私保护角度来看，各国对于个人隐私保护有自己的法律规定，而在跨境教育服务的语境下，如何在遵守服务接收国和服务提供国的法律的同时进行有效的管理，需要智能信息技术与法律的高度协同。

其次，关于知识产权的问题，在跨境教育服务的语境下，如何在保障原创者的权益以及鼓励知识的传播和应用间找到平衡点，保持对教育内容创作者与学习者双方的公平、公正，同样是法律需要考虑的问题。

再次，服务质量保障也是法律层面需要关注的问题。虽然数智化有可能将教育服务推向国际，但如何确保教育服务的质量及其对等性，防止伪劣教育服务侵害消费者权益等现象的出现，都需要有法律的制约和服务监管。

最后，关于教育平等的问题，虽然跨境教育消除了地理位置的限制，理论上全球所有人在任何位置、任何时间都可以学习，然而实际上由于经济、技术、知识分层等，可能造成教育资源分配的不公，甚至使得原本教育公平的理想离我们越来越遥远。因此，如何通过法律手段，促使教育资源公平分配，使每个学习者都能接受到公平、公正的教育服务，是又一个重要的问题。

六、法律责任划分与解决机制

在数智化背景下，教育技术的应用已经渗透到我们生活的每一个角落，当然也包括教育领域。为了确保其正常运行和健康发展，必须对相关的法律责任进行明确划分，并建立相应的问题解决机制。

对此，需要明确的是，任何一项技术的应用都必须受到法律的制约，这是社会发展的规律。在教育技术的应用中，亦是如此。无论是技术开发者，还是教育机构和教师,或者是学生和家长,都需要清楚自己的法律责任,才能确保教育技术在合规合法的环境下发展。

具体来说,首先,教育技术开发者需要承担的法律责任应包括但不限于维护技术的安全性和可靠性、尊重知识产权、保护用户隐私等。其法律责任划分必须明确,一旦出现相应的问题,开发者需要积极承担责任,寻求解决办法,并进行整改。

其次,教育机构和教师在教育技术应用中,需要承担提供高质量教育服务、维护学生权益、维护教育公平、保护学生隐私等法律责任。其法律责任划分必须清晰,一旦在教学中出现相关问题,教育机构和教师需要立即停止导致问题的行为,进行整改,并积极应对可能面临的法律制裁。

最后,学生和家长在教育技术应用中,也需要承担一定的法律责任,比如遵守网络规则,不进行网络欺诈,维护自己和他人的权益等。其法律责任划分必须具体,一旦违反相关规定,学生和家长需要承担相应的法律后果。

然而,法律责任划分只是解决教育技术应用中法律问题的一个方面,解决机制的建立则是确保其可执行性的关键。这不仅需要政府的法规制裁,也需要社会的监督和自我调整机制。对此,可以参考现有的解决机制,包括但不限于政府监管、企业自我监管、社会公众监督、专业机构的仲裁等。

特别地,对于教育机构和教师的责任划分和解决机制,整个社会需要形成一种共识,公众需要明确教育机构和教师的职责与边界,而不是过度责任化或教条化。同时,对于涉及个人隐私和权益的问题,需要有足够的社会资源和法律资源进行保护与解决。

总而言之,教育技术应用中的法律责任划分与解决机制是一个复杂而又重要的话题。需要明确每个参与者的责任,也需要建立有效的解决机制,以保护教育技术的健康发展,保护学生和家长的权益,实现教育的公平和公正。

参考文献

［1］张学新. 对分课堂：中国教育的新智慧［M］. 北京：科学出版社，2016.

［2］魏光月. BOPPPS和对分课堂混合式教学模式的研究——以无机化学教学为例［D］. 长春：吉林大学，2021.

［3］李桂环，尹春芳. "停课不停学"背景下在线对分课堂的组织与实施研究［J］. 无线互联科技，2020，17（12）：97-99.

［4］徐大伍. 基于对分课堂的线上线下混合式教学模式研究与实践［J］. 邢台职业技术学院学报，2022，39（4）：20-23.

［5］崔博，程锐涵. 基于对分课堂教学模式的线上线下混合式课程改革研究［J］. 数码世界，2020（9）：132-133.

［6］赵巍. 基于"互联网＋对分课堂"的混合式教学模式研究［J］. 大陆桥视野，2019（2）：66-70.

［7］张婷，张文涛. 基于人工智能的混合式教学过程中数字化能力提升研究［J］. 电脑知识与技术，2023，19（11）：171-174.